人工知能

グラフィックヒストリー

クリフォード・A・ピックオーバー=著

川村秀憲=監訳　**佐藤 聡**=訳

NEWTON PRESS

クリフォード・A・ピックオーバーの著書（邦訳）一覧

『ビジュアル　物理全史：ビッグバンから量子的復活まで』
　　吉田三知世訳，岩波書店，2019

『ビジュアル　数学全史：人類誕生前から多次元宇宙まで』
　　根上生也，水原文訳，岩波書店，2017

『数学のおもちゃ箱（上・下）』
　　糸川洋訳，日経BP社，2011

『オズの数学：知力トレーニングの限界に挑戦』
　　名倉真紀，今野紀雄訳，産業図書，2009

『メビウスの帯』
　　吉田三知世訳，日経BP社，2007

『創造する宇宙：生命は星から生まれてきたのか』
　　高柳雄一監訳，主婦の友社，2004

『ワンダーズ・オブ・ナンバーズ・数の不思議──天才数学者グーゴル博士に挑む＜超難問数学＞（抄訳）』
　　上野元美訳，主婦の友社，2002

『天才博士の奇妙な日常』
　　新戸雅章訳，勁草書房，2001

『ハイパースペース・サーフィン：高次元宇宙を理解するための六つのやさしいレッスン』
　　河合宏樹訳，ニュートンプレス，2000

『2063年、時空の旅：タイムトラベルはどうすれば可能になるのか？』
　　青木薫訳，講談社，2000

『無限へチャレンジしよう』
　　一松信訳，森北出版，1997

『ブラックホールへようこそ！』
　　福江純訳，三田出版会，1996

『コンピュータ・ワンダーランド：驚異と悦楽の電脳迷路』
　　中村和幸，内藤昭三訳，白揚社，1996

『コンピュータ・カオス・フラクタル：見えない世界のグラフィックス』
　　高橋時市郎，内藤昭三訳，白揚社，1993

人工知能
グラフィックヒストリー

はじめに

「生物的な知能が支配した時代は，それより前の太古の時代と，その後に長く続く機械の時代の間にはさまった，薄い銀紙のようなものにすぎない」

マーティン・リース：『対話』 2017年4月のインタビューより

AIとその先にあるもの

「さまざまな最先端のAIが，AIと呼ばれないまま一般用途に浸透することも多い。いったん便利で当たり前になれば，もはやAIとはみなされないからだ」

ニック・ボストロム：『AIが人間の頭脳パワーを上回る』 CNN.com（2006）

心の謎，思考の本質，人工物の可能性は，昔から芸術家，科学者，哲学者，そして神学者をも魅了してきました。生き物を真似してつくった動く機械装置，つまり自動人形の，象徴的な存在とその物語は，神話，絵画，音楽，文学の至るところに現れます。人工知能（AI），すなわち機械の一見知的な振る舞いに対して私たちが覚えるときめきは，感情をもつロボットや，私たちの理解を超えた高度な知性が登場する，大ヒットした映画やビデオゲームでの不気味でとほうもない物語にも影響を与えているのです。

本書では，古代のゲームから現代の高度なコンピューター手法に至る，壮大な時間旅行に乗り出します。最新手法には，タスクに特化したプログラムや規則に頼らず，みずから学んで能力を高める人工ニューラルネットワークも含まれています。時間旅行の中では，

アーサー王伝説にでてくる謎の「銅の騎士」のような奇妙で得体のしれない怪異に遭遇するでしょう。また，フランスの発明家ジャック・ド・ボーカンソンの超現実的な自動人形「消化するアヒル」も登場します。このアヒルはそれから250年後に，アメリカの作家トマス・ピンチョンの歴史小説『メイスン＆ディクスン』に影響を与えました。そして，13世紀のカタルーニャの哲学者ラモン・リュイ。機械装置を使って人工的にアイデアを生み出す方法を，初めて体系的に研究した人物の一人です。1893年まで下ると奇抜で楽しい『エレクトリック・ボブの大きな黒ダチョウ』に出くわします。『大平原のスチームマン』シリーズとともに，スチームパンク（蒸気機関全盛）のビクトリア朝における，機械的なものすべてに対して高まる熱狂を反映した物語として有名です。

もっと最近では，IBMのアーサー・サミュエルがいます。1952年にチェッカーを戦う黎明期のプログラムを動作させ，1955年には外部の助けを借りずに自分でゲームの対戦方法を学習するプログラムを開発しました。今日，人工知能という言葉は多くの場合，学習し，問題を解決し，自然言語処理を使って人間と対話するように設計されたシステムのことを意味します。アマゾンのAlexa，

AppleのSiri，マイクロソフトのCortanaといった，知的な個人用アシスタントはすべてAIの一面を反映しているのです。

本書ではAIの倫理的な使い方や，さらには高度なAIに対する問題提起といった，興味深い話題も取り上げます。後者は，AIが危険なほど超知的になった場合，外界から切り離すために「AI密閉容器」に閉じ込める必要があるかどうかという問題です。もちろん，何をどこまでAIというかは時とともに変わるため，人間の認識作業を助けた一連の技術のことをひっくるめてAIと呼ぼうと提案する専門家もいます。そこでAIの歴史をより深く理解するために，通常人間の思考や計算を要する問題に答えを与える装置や機械も取り上げました。アバカスと呼ばれるそろばん（紀元前190年頃），アンティキティラ島の機械（紀元前125年頃），ENIAC（1946年）などがそれにあたります。結局，このような初期の技術がなければ，現代世界の高度なAIチェス対局や車の自動運転システムは生まれなかったでしょう。

ところで，本書を読むにあたり覚えておいてほしいことがあります。それは，人工物に関する昔のアイデアや予測が，時にあまりにも荒唐無稽だったとしても，もっと高速で高度なコンピューターが現れたら，昔のアイデアもたちまち実現できるかもしれないということです。私たちの技術予測（あるいは神話でさえも）は，控えめに見ても，人間の知と創造性に関する興味深いモデルです。そして，文化や時間を超え，お互いを理解し，社会にとって何が尊く有益なものであるかを学ぶ方法なのです。ただし，人間の想像力や創意工夫をたたえる一方で，AIの潜在的な危険性など予期せぬ結果について議論することも不可欠です。理論物理学者のスティーブン・ホーキング博士が，2014年のインタビューでBBCに語ったように，「完全な人工知能の開発によって，人類の終わりが告げられるかもしれない。……完全な人工知能は，自分自身を超越して，加速度的に自分をつくり替えるかもしれない」のです。つまり，AIという存在は，常に自分を改良し続けて，人類に大きな危険を及ぼす超知性を生み出すほど利口で有能になるかもしれないのです。技術的シンギュラリティ（特異点）とも呼ばれるこうした暴走的な技術の発展は，文明，社会，生活に，想像のつかない変化をもたらすかもしれません。

したがって，自動運転車，仕事の効率化，さらには数々の場面での仲間づきあいでAIが役立つ可能性が大きいとしても，自律兵器の開発や，時に予期せぬ動作をとるAI技術への過度な依存に，人類は特別の注意を払う必要があります。たとえば，ある種のAI（ニューラルネット）画像システムは簡単に「だませる」ことが研究でわかっています。人間が気づかない程度に画像を変えても，動物をライフル銃，飛行機を犬だと誤認する場合があるのです。テロリストがショッピングモールや病院をドローンに軍事攻撃目標として見せかけることができれば，その結果は悲惨なものになるでしょう。逆に，適切なセンサーと倫理規定を備える武装機械によって，おそらく民間人の犠牲を減らすこともできるでしょう。AIの潜在的危険性が，そのすばらしい長所を覆い隠してしまわないよう，情

報にもとづく方針決定が必要なのです。

　複雑なディープラーニング・ニューラルネットワークを多数備えたAIに私たちがますます依存する中で興味深い研究分野となるのは，どのように意思決定したかを人間に説明できるAIシステムの開発です。ただし，少なくとも特定の応用分野では，AIに説明を強要するとAIが機能不全に陥るおそれがあります。こうした機械の多くは，現実に対する，人間の理解を超えたきわめて複雑なモデルをつくり出すことができます。AI専門家のデイビッド・ガニングは，最高の性能をもつシステムこそもっとも説明しがたい，とさえ言っているのです。

本書の構成と狙い

私は，科学の学際領域におけるコンピューターの利用と話題に，長年魅了されてきました。この本を書いた目的は，「人工知能」の歴史に現れた，奇抜で，かつ重要な実用的アイデアの簡単なガイドを，多くの読者に届けることです。(「人工知能」という言葉は，コンピューター科学者のジョン・マッカーシーが1955年に初めてつくり出しました)。各項の出だしはせいぜい2，3文なので，長々と文章を追わずにどこからでも本書を読み始めることができます。もちろん，こうするとテーマを深く掘り下げることはできません。そこで，巻末の「注と参考文献」に推奨図書や取り上げた著者の業績や引用句の出典を示しました。

　哲学，大衆文化，コンピューター科学，社会学，神学といった幅広い学問分野を取り扱うのにあたり，私が個人的に興味をもってい

る話題も各項に含めました。実際，若いころの私はヤシャ・ライハートの『サイバネティックセレンディピティ：コンピューターと芸術』(1968年)に夢中でした。この本はコンピューターが生成した詩，絵，音楽，グラフィックスを取り上げていました。私はまたAIの専門家が芸術分野にもたらした進歩にも格別の関心を抱いています。彼らは敵対的生成ネットワーク（GAN）を使って，まるで本物の写真のような偽物の顔や花や鳥の画像を生成するのです。GANではお互いに競い合う二つのニューラルネットワークを使います。片方のネットワークがアイデアとパターンをつくると，もう一方がその結果を判定するのです。

　今日，AIの応用範囲は無限に広がっているように思われ，毎年巨額の資金がAIの開発に投じられています。ご存知のように，AIはバチカンの秘密文書解読にも使われ，この膨大な歴史的コレクションの複雑な手書き文字を読み解こうとしています。地震予知，医療画像や音声の解釈，病院の電子カルテにもとづいた患者の死期の予測にも使われてきました。ジョーク，数学の定理，特許，ゲームやパズル，アンテナの革新的デザイン，新しい塗装色，新しい香水などを生み出すのにも利用されています。今でも私たちの多くが電話やほかの装置に話しかけていますが，私たちと機械の関係はこの先ますます親密で人間的なものになっていくことでしょう。

　本書の各項は，主要なできごと，出版，あるいは発見があった年に従って年代順に並べていますが，判断に苦労したのは項目の年代です。一部の年代はおおよそのものですが，

できる限り裏づけを取るように努めました。

読者は1950年以降に章の数が増えていることにも気づくでしょう。『人工知能を巡る大騒動の歴史』(1993年)の著者であるダニエル・クレヴィエによれば，1960年代に「AIは数多くの花を咲かせた。AI研究者は新しいプログラミング技術を，本質を維持してはいるが，注意深く簡素化された，多くの問題に適用した。簡素化したのは，一つには問題を切り分けるためだったが，当時のコンピューターの小さなメモリーに収めるためでもあった」のです。

意識の謎，人工知能の限界，心の本質は，今後もずっと研究されるでしょうが，古代から人々が関心を寄せてきたものでもあります。作家のパメラ・マコーダックは『コンピュータは考える』という著書の中で，AIは「神に近づく」という古代の願いとともに始まったと考えています。

今後，AIの発見は人類の偉大な業績の一つとなるでしょう。AIの物語は，私たちがどのように未来を形づくるかだけではなく，私たちの周りで知性と創造性を加速する光景と，人間がどのように折り合いをつけるか，という物語でもあります。100年後，「人間」であるとは，何を意味するのでしょう？ AIエージェントの利用が増えるとすれば，社会はどのようなものになるのでしょう？ 仕事はどのような影響を受けるでしょう？

私たちはロボットと恋に落ちるのでしょうか？

もしもAIの手法とモデルが，誰が仕事に就き，誰とデートし，誰を釈放し，誰が精神異常を引き起こしそうなのか，どのように自律的に車やドローンを運転するのか，といった意思決定支援にすでに使われているのだとすれば，私たちの暮らしは，将来どこまでAIの手にゆだねられるのでしょうか？ AIが私たちのために意思決定する機会が増える中で，AIが簡単にだまされて致命的な過ちが起きるおそれはないでしょうか？ ある機械学習のアルゴリズムやアーキテクチャがほかのものより効果的な理由を，AI研究者はどうやったらよりよく理解できるのでしょうか？ どうすれば，お互いの研究結果と実験をより簡単に再現できるようになるのでしょうか？

さらに言えば，AIで動く装置が倫理的に振る舞うのを，どうやって保証すればよいのでしょうか？ 機械は人間と同じような精神状態と感情をもつようになるのでしょうか？ 確かにAI機械は，私たちの貧弱な頭脳を支える装具として，私たちが新しい思想を考え，新しい夢を見るのを助けてくれるでしょう。私にとってAIとは，思考の限界，人類の未来，そして私たちが故郷と呼んでいる，広大な時空の風景の中における私たちの立場について，絶え間ない驚きを育むものなのです。

三目並べ

考 古学者は「三目並べ」らしきものの痕跡を，紀元前1300年頃の古代エジプトまでたどることができます。三目並べでは，それぞれ〇か×の印をつける二人のプレーヤーが，3×3のマス目の中で，交替で順番に自分の印をつけます。自分の印を，水平か，垂直か，斜めに，先に三つ並べたほうが勝ちです。

この本で三目並べを取り上げたのは，人工知能やコンピュータープログラミングの入門として，三目並べがよく使われるからです。三目並べなら，ゲームを分析するための「ゲーム木」（ここでは木の節はゲーム中の〇と×の配置を表し，木の枝は配置の変化に対応します）を，簡単に調べることができるのです。三目並べは，どちらのプレーヤーにも，それまでに打たれた手が完全にわかる「完全情報」ゲームです。また，不確実な要素は用いずに順番に進めるゲームで，サイコロは転がしません。

三目並べは，より高度な「陣取りゲーム」を「分子」と考えると，その後何世紀にもわたってその分子が積み重ねられるもとになった「原子」だと考えてもよいでしょう。三目並べは，そのルールをほんの少し変え，盤面を大きくするだけで，単純なゲームが習得に時間を要する挑戦しがいのあるものとなりました。数学者やパズル愛好家は，三目並べの盤面を広げ，次元を増やし，さらには，長方形や正方形の盤面の両端をつないで「トーラス」（ドーナッツ状）にしたり，裏表をひねってつなげて（面が一つしかない）「クラインの壺（つぼ）」のようにしたりした，不思議な盤面をつくってきました。

三目並べに関する興味深い話題をいくつかあげてみましょう。プレーヤーは三目並べの盤面を〇と×で，362,880通り（9の階乗通り）の方法で埋めることができます。しかしゲームが5回，6回，7回，8回，9回の手番のどれかで終わることを考えると，ゲームで起こりうるパターンは255,168通りになります。1960年，（色のついたビーズとマッチ箱を使った）MENACEというAIシステムは，強化学習という方法で三目並べの遊び方を学習しました。1980年代初めには，コンピューターの天才ダニエル・ヒリス，ブライアン・シルバーマンとその仲間が，ティンカートイという組立玩具の部品1万個で三目並べをする，ティンカートイ・コンピューターをつくりました。1998年にはトロント大学の研究者と学生が，三次元（4×4×4）の三目並べで人間と対戦するロボットをつくっています。

参照: 意識の工場（1714年），強化学習（1951年），
コネクトフォー（1988年），オセロ（1997年），
アワリゲーム（2002年）

◀ **三目並べ** 三目並べは，盤面の次元とマス目を増やして4×4×4にしたり，それぞれの印が下方向の空いたマス目まですべり落ちる重力効果を導入したりするなど，人間にもAI機械にも，もっとやりがいのあるものにすることができます。

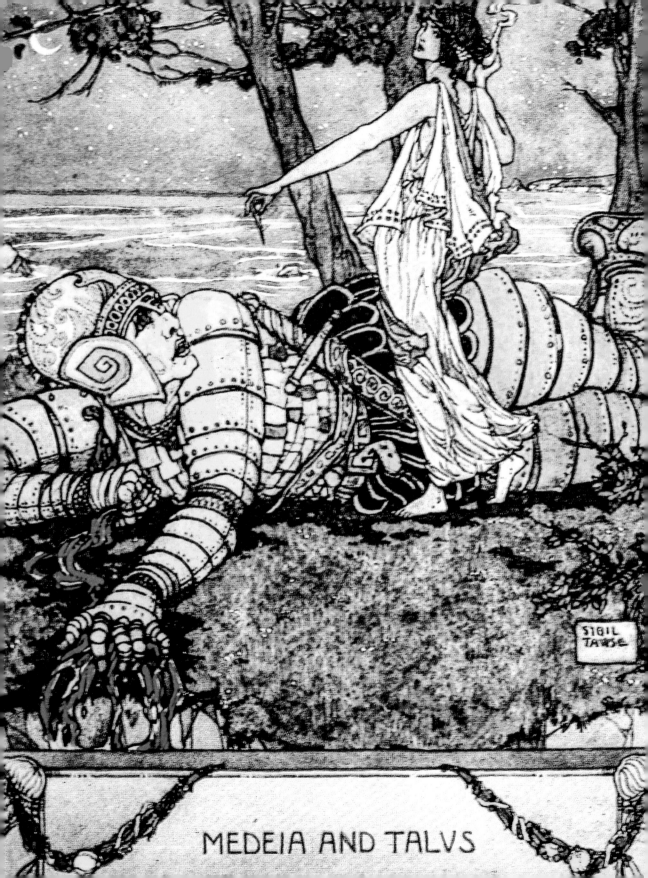

MEDEIA AND TALVS

タロス

ブライアン・ホートンは「多くの人が思い浮かべるタロスの姿は，1963年の映画『アルゴ探検隊の大冒険』で描かれた青銅の巨人だ。……だがタロスのアイデアはどこからきたのだろう？　タロスを史上初のロボットだと言ってよいのだろうか？」と書いています。

ギリシャ神話によれば，タロスは，クレタ島のミノス王の母エウロパを侵略者や海賊といった敵から守ることを仕事にしていた，巨大な青銅の自動人形でした。タロスは毎日3回，クレタ島の海岸をぐるりと回ってパトロールするようにプログラムされていました。敵を防ぐ方法の一つは大きな石を相手に投げおろすことでした。あるいは，自分で火の中に飛び込んで身体が真っ赤になるまで熱した後，敵に抱き着いて焼き殺したのです。タロスは，紀元前300年頃のクレタ島の都市ファイストスのコインに見られるように，翼がある怪物として描かれている場合もあります。また紀元前400年頃の壺にもタロスの姿が描かれています。

タロスの創造と死については，さまざまな説明がなされてきました。ある神話では，ギリシャの金工，冶金，炉，鍛冶といった工芸の神であるヘパイストスが，ゼウスの求めに応じてつくったとしています。タロスは自動人形だったので，身体の中の構造は人間ほど複雑ではなく，実際，首からかかとまでつながった一本の血管をもっているだけでした。この血管は密封されていて，漏れないように足首にある青銅の爪で守られていました。ある伝説によると，魔女メディアが，死霊ケレスを使ってタロスを狂気に追いやり，みずからその爪を抜かせたそうです。そして神の血であるイコルが「溶けた鉛のように」噴き出して，タロスは死んでしまったのです。

タロスは，古代ギリシャ人がロボットやほかの自動人形を，どのように考えていたかを示す，ほんの一例にすぎません。もう一つの例として，数学者アルキタス（紀元前428～紀元前347）の作品を挙げておきましょう。アルキタスは「鳩」と呼ばれる，鳥の形をして蒸気の力でみずから飛ぶ自動人形を，設計して組立てていたらしいのです。

参照: クテシビオスの水時計（紀元前250年頃），
ランスロットと銅の騎士（1220年頃），
ゴーレム（1580年），
『フランケンシュタイン』（1818年）

◀ **タロスの絵**　トマス・ブルフィンチの『ギリシア神話と英雄伝説』（1920年）に，イギリスの画家
シビル・タウゼ（1886～1971）が描いた挿絵

アリストテレスの『オルガノン』

ギリシャの哲学者アリストテレス（紀元前384～紀元前322）はその生涯で，今なおAI研究者が関心を寄せる重要な問題をいくつか取り上げました。著書『政治学』の中では，やがて自動人形が人間の奴隷に取って代わるかもしれないと，次のように推察しています。「弟子を必要としない親方，奴隷を必要としない主人を想像できるとすれば，それはただ一つの場合しかない。それぞれの機械が，言葉による指示を受けるか，人の意を察して，自分の仕事をこなせるようになった場合だ。たとえば，ダイダロスの彫像や，ホメロスが「ひとりでにオリュンポスの神々の集いにやってくる」と語ったヘパイストスの自走式三脚のように，機織りの杼がみずから布を織り，ピック（琴爪）がみずからハープを奏でるような場合である」

アリストテレスはまた，論理学の体系的な研究における先駆者でもありました。著書の『オルガノン（学問の道具）』では，「どのように真理を探究し，どのように世界を理解するか」に関する方法を示しています。アリストテレスの道具類の中でもっとも基本となるのは三段論法で，「すべての女性は死ぬ。クレオパトラは女性である。ゆえにクレオパトラは死ぬ」のような三段階の論証です。初めの二つの前提条件が正しければ，結論も正しくなければならないことがわかります。アリストテレスは「固有名詞」と「普通名詞」の区別もつけました。クレオパトラは固有名詞で，女や死は普通名詞です。普通名詞を使う場合には，名詞の前に，すべての，いくつかの，あるいは（後ろに）～ではない，と限定する言葉がつきます。アリストテレスは三段論法のさまざまな場合を分析し，どれが妥当かを示しました。

アリストテレスは分析を，様相論理学，つまり，「～は可能である」や「～は必然である」といった言葉を含む三段論法にまで拡げました。現代の数理論理学では，アリストテレスの方法論から離れることや，三段論法を別の種類の文章構造に発展させることができます。たとえば，さらに複雑な関係を表す場合や，限定する言葉を二つ以上もつ場合で，「一部の人を嫌う人を好きな人は一人もいない」といった具合です。とはいうものの，論理学に対するアリストテレスの深い考察は，人類最大の業績の一つと考えられており，数学やAIにおける数々の発展の原動力となったのです。

参照: タロス（紀元前400年頃），
　　　ブール代数（1854年），ファジイ論理（1965年）

◀**印象的なアリストテレスの胸像**　紀元前4世紀のギリシャの彫刻家リシュッポスがつくった銅像の，ローマ時代の複製

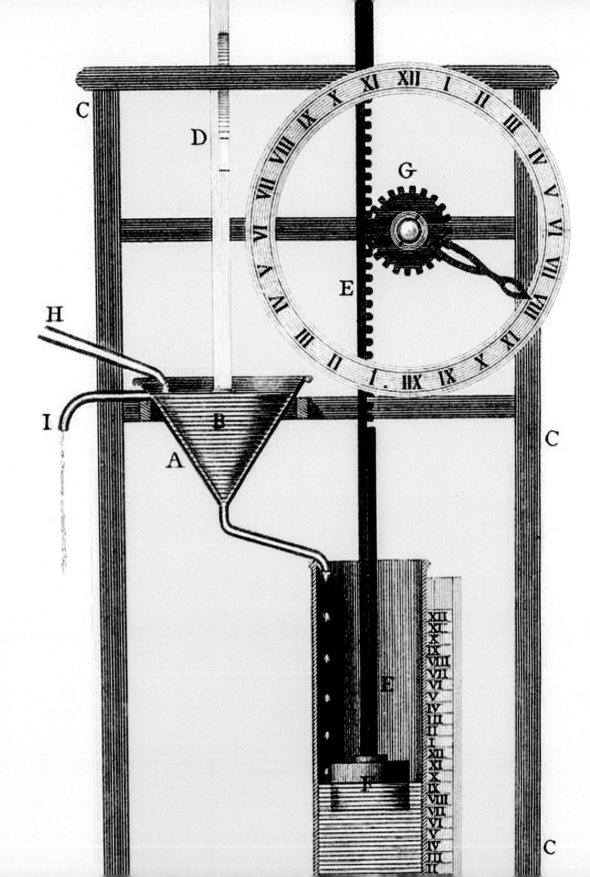

クテシビオスの水時計

ジャーナリストのルーク・ドーメルは「クテシビオスの水時計が重要なのは，人工物に何ができるかに関する私たちの理解を，完全に変えたからである」と書いています。「クテシビオスの時計が登場する前，環境の変化に合わせて自分の行動を修正できるのは，生物だけだと思われていた。クテシビオスの時計の後，自己調整するフィードバック制御が，私たちの技術の一部となったのである」

ギリシャの発明家クテシビオス（またはテシビウス：紀元前285〜紀元前222に活動）は，エジプトのアレキサンドリアで，ポンプや水力学などにより有名でした。クテシビオスの水時計，すなわちクレプシドラ（水泥棒）で特に興味深いのは，水の流量を一定に保つフィードバック制御の浮きを採用したことにより，受水槽の水位から正しい時間を推定できた点です。受水槽の水位の変化に応じて上昇する人形が指し示す柱に，時間の単位を示す目盛りが刻まれたクレプシドラもあります。人形には，支柱を回し，石や卵を落とし，トランペットのような音を出す機構が組み合

わされていた，という報告もあります。クレプシドラは，法廷の審理で弁護士の持ち時間を決めたり，アテネの売春宿で客が過ごす時間を制限するのにも使われました。

クテシビオスはアレキサンドリア博物館の初代館長だったようです。ここにはヘレニズム世界の第一級の学者たちを引き寄せた，アレキサンドリア図書館もありました。クテシビオスはその特別なクレプシドラで有名ですが，似たような時計は古代中国，インド，バビロニア，エジプト，ペルシャなどでもつくられていました。クテシビオスはまた，プトレマイオス朝の有名なファラオの大パレードなどの行進に使う，多神教の不気味なロボット像を発明したとも伝えられています。この自動人形は，おそらく荷車の動きに連動したカム（円運動を直線運動に変える非円形の車輪）の回転により，立ったり座ったりすることができました。

参照：アル＝ジャザリーの自動人形（1206年），
エスダンの機械庭園（1300年頃），
ダ・ヴィンチのロボット騎士（1495年頃）

◀ **クテシビオスの水時計**　ここに示した水時計は，クテシビオスの特徴をすべて表しているわけではありませんが，これらの装置がどのように動作したかを図示しています。アブラハム・リース：『The Cyclopaedia or Universal Dictionary of Arts, Sciences and Literature』から引用

アバカス（そろばん）

技術者で作家のジェフ・クリメルは「人工知能はカレンダーとアバカスからはじまった」と書いています。「人工知能とは，人間が何かを認識することを助ける技術である。その意味で，カレンダーは人工知能の一つだといえる。私たちの記憶を補うか置き換えるからだ。同様に，アバカスも人工知能の一つだ。……頭の中で複雑な計算をしなくてもよくなる」

古代のメソポタミアとエジプトには，計算に使われた道具があったという証拠が残っています。しかし，現存する最古の計算器具は，紀元前300年頃のギリシャの「サラミスのそろばん」で，大理石の板にいくつかのグループの平行線を引いたものです。古代に使われた板は，普通，木か金属か石で，ビーズか石を動かす線か溝がついていました。

西暦1000年頃，メキシコのアステカ族がネポーワルツィンツィン（愛好家はアステカ・コンピューターと呼んでいます）を発明しました。木製の枠に張った糸にとうもろこしの粒を通した，アバカスのような道具で，計算作業を助けました。近代的なアバカスには棒に沿って動く玉があり，少なくとも西暦190年の中国にまでさかのぼることができます。当時の中国では算盤（スワンパン）と呼ばれていました。日本ではアバカスをそろばんと呼んでいます。

アバカスはある意味，コンピューターの祖先だと考えてもよいでしょう。コンピューター同様，商業や工学分野で人間が素早く計算するのを助ける道具です。デザインは多少違うものの，アバカスは中国，日本，旧ソビエト連邦の一部，アフリカで，未だに使われています。アバカスは普通，たし算とひき算を速く行うのに使われますが，熟練した人はかけ算，わり算，平方根の計算も素早くこなします。そろばん使いと電動計算機のどちらが早く答えを出せるかを，いくつかの計算問題で調べる計算競技会が1946年に東京で開催されました。ほとんどの場合，そろばん使いが電動計算機を負かしたのです。

これほど重要なアバカスに対して，*Forbes*誌の読者，編集者，専門家は2005年，人類の文明に影響を与えた重要な道具として，アバカスを2番目に順位づけました。ちなみに1番はナイフ，3番は羅針盤でした。

参照：アンティキティラ島の機械（紀元前125年頃），
バベッジの機械式計算機（1822年），
ENIAC（1946年）

◀**アバカス**　アバカスは人類の文明に大きな影響を与えてきました。何世紀にもわたって，商業や工学において計算を速めるのに使われてきたのです。ヨーロッパでは，インド・アラビア数字が使われるよりずっと前から，アバカスが採用されていました。

アンティキティラ島の機械

心理学者のアラン・ガーンハムは，その著書『人工知能』の中で，アンティキティラ島の機械について論じ，次のように述べています。「やがてAIにつながるこの機械の開発の狙いは，おそらく人間の知的作業から退屈さを排除し，同時に，人間が犯しがちな誤りを排除する機械をつくる試みだったのだろう」。アンティキティラ島の機械は，天体の位置を計算するために使われた，古代の歯車式計算装置です。1900年頃，海綿採りの潜水夫によってギリシャのアンティキティラ島の海岸近くの難破船から発見されたこの機械は，紀元前150年頃から紀元前100年頃の間につくられたと考えられています。ジャーナリストのジョー・マーチャントは次のように述べています。「難破船から引き揚げられ，その後アテネに運ばれた財宝の中で，初めのうち，この不格好な岩のようなものに注意を払う者はいなかった。だが，この岩がぱっくり割れると，青銅の歯車，指針，ギリシャ語の小さな碑文が現れたのだ。……精密に刻まれた目盛，針，少なくとも30個の連結歯車でできた，洗練されたこの機械に匹敵する複雑さをもつものは，中世ヨーロッパで天体時計が開発されるまで，その後1000年以上歴史に登場することはなかった」

この機械の前面の目盛には，おそらく三つの針がついていました。一つは日付，あとの二つは太陽と月の位置を示していたのです。この装置はまた，おそらく古代オリンピック競技の日付をたどり，日食を予測し，そのほかの天体の動きを示したのです。

月の機構には特別に組み合わせた青銅歯車を用い，そのうちの二つはわずかにずれた軸につながっていて，月の位置と満ち欠けを表します。月は，今日ケプラーの惑星運動の法則で知られているように，地球の周りの軌道を場所によって異なる速度で動いています（たとえば，地球に近づくほど速くなります）。古代ギリシャ人が月の楕円軌道に気づいていなかったにもかかわらず，アンティキティラ島の機械ではこの速度の差が再現されているのです。マーチャントは書いています。「この箱のハンドルを回すと，時間を前にも後ろにも進めることができる。今日の，明日の，先週の火曜日の，あるいは100年後の，宇宙の状態を見ることができるのだ。この機械の持主は，誰であれ，天界の主人になったような気がしたに違いない」

参照：クテシビオスの水時計（紀元前250年頃），
　　　アバカス（紀元前190年頃），
　　　バベッジの機械式計算機（1822年）

◀新たに復元された，歯車とハンドルのついたアンティキティラ島の機械

アル＝ジャザリーの自動人形

博 学者，発明家，芸術家にして技師者のイスマイル・アル＝ジャザリー（1136 ～ 1206）は，イスラムの黄金時代の絶頂期に生き，アナトリア（現在のトルコ・ティヤルバクル）のアルトゥク朝で，父親を継いで技師長を務めました。アル＝ジャザリーの『巧妙な機械装置に関する知識の書』は宮廷の雇用主の求めに応じて書かれ，アル＝ジャザリーが亡くなった年に発行されたものです。アル＝ジャザリーがつくった数々の機械装置の記述を含んでおり，揚水機や噴水，時計に加えて，動く人間や動物の自動人形の記述もあります。アル＝ジャザリーは研究と機械製作において，カムシャフト，クランクシャフト，がんぎ車，間欠歯車などの高度な機構を採用しました。

自動人形の中には，水で動く孔雀，飲み物を供するウェイトレス，ボートに乗った四体の自動演奏人形からなる音楽ロボット楽団もありました。ロボットの顔の表情は，回転シャフトで制御されて変化しました。一部の研究者はロボット楽団の動作がプログラムできた可能性があると見ており，技術の洗練度がきわめて高かったことがわかります。アル＝ジャザリーの象時計には，等間隔の時間でシンバルを鳴らす人間型ロボットのほか，書記ロボットが回転してペンで時刻を刻み，それ

に合わせてさえずるロボット鳥が乗っていました。高さ3.4 mのアル＝ジャザリーの城時計には，五体の自動演奏人形がいました。

イギリスの技術者兼歴史家のドナルド・R・ヒル（1922 ～ 1994）は，アル＝ジャザリーの著書を英語に翻訳したことで有名ですが，次のように述べています。「技術史におけるアル＝ジャザリーの著書の重要性はいくら強調してもしすぎることはない。近代になるまで，どの文化的分野においても，機械の設計，製造，組立に関する説明の豊富さで，アル＝ジャザリーの著書に匹敵する文書は現れなかった。その理由の一つが，通常は製作する人と記述する人が社会的，文化的に分断されていたことにあるのは，疑いの余地がない。読み書きのできない職人によってつくられた機械を学者が記述する場合，学者が興味をもつのは最終製品であることが多い。学者は製作過程の煩雑な作業に関して，理解もせず，興味も示さないのだ。……したがって私たちは（アル＝ジャザリーの雇用主に），この独特の文書を残してくれたことを，大いに感謝しなければならない」

参照: クテシビオスの水時計（紀元前250年頃），
エスダンの機械庭園（1300年頃），
教会の自動人形（1352年），
ジャケ・ドローの自動人形（1774年）

◀**複雑な孔雀の水盤** アル＝ジャザリーの『巧妙な機械装置に関する知識の書』から引用したもの
（紙に不透明水彩，金箔，インク）

ors se seigne et entra dedans si
mist lescu deuant son vis cur il
ny voit goute fors parmi vne
vaee dun huis moult long dont

ランスロットと銅の騎士

機械仕掛けで人間や生き物の形をしているAIの簡単な例は，中世ヨーロッパで一般的になりました。歴史家のエリー・トゥルイットが書いているように「黄金の鳥や獣，音楽の泉，ロボットの召使が来客を驚かせ，恐怖を与えた。……自動人形は，自然の知識（魔術を含む）と技術の交差点に立ち，……自然と技術の間の複雑な連結部だった」のです。昔の文学作品に登場する，実際の，あるいは空想の装置は，「科学，技術，想像力の相互依存」の興味深い側面を垣間見せてくれます。

中世における空想のロボットの有名な例は，『湖のランスロット』（1220年頃）に見られます。これはアーサー王と円卓の騎士の冒険を語る古いフランスの物語で，ランスロットとアーサー王の妻グィネビアとの秘密の恋も描かれています。恐ろしい魔法がかけられたドゥルルーズ・ガルド城の外で，ランスロットはロボット銅騎士の小さな軍隊に遭遇します。城に入ったランスロットは，剣を振るう銅騎士を二体倒しました。魔法を解く鍵を持った銅の若い女性がいる内部の部屋を銅騎士が守っているからです。ランスロットが鍵を使って30本の銅管が入った箱を開けると，そこから恐怖の叫び声があがり，ラン

スロットはあっという間に眠りに落ちました。ランスロットが目覚めると，銅の女性は地面に倒れており，銅騎士は粉々になっていました。

歴史家のジェシカ・リスキンは次のように書いています。「アーサー王伝説に登場する自動人形の騎士と乙女は，金，銀，銅の子供，サテュロス，射手，音楽家，神殿，巨人を伴っている。これらの空想的な人工生物にはそれに対応する実体がたくさんあった。実際に機械でできた人間や動物が，中世後期から近世初期のヨーロッパにはたくさんあったのだ」。その一例として，ランスロットと銅の騎士の物語と同じころ，フランスの画家で技術者のビラール・ド・オヌクール（1225頃〜1250頃）は，教会の助祭が福音書を読むときに，そちらに頭を向けるように設計された機械の鷲をつくりました。リスキンは，これらの真に迫った自動人形が，17世紀に台頭した生物を機械としてみなす科学的，哲学的モデルの背景となったことに注目しています。

参照：タロス（紀元前400年頃），
エスダンの機械庭園（1300年頃），
ダ・ヴィンチのロボット騎士（1495年頃），
ゴーレム（1580年），チクタク（1907年）

◀ **ドゥルルーズ・ガルド城に入るために銅の騎士と闘うランスロット** 人間そっくりの銅の騎士は，しばしば裸の状態で描かれています。（『湖の騎士』，フランス，15世紀。Paris, BnF, MS Fr.118, fol. 200v.）

Ar elle nest
ferme nestable
Iuste loial
ne veritable
Quant ou la cude
espritable.
Elle est auere.
Dure. diuerse. espouautable.

Traistre poignat deceuable.
Et quat oula cude aimable
Lors est amere
Car la cou ce quauie appte
Douce ed miel vraie com mere
La pointure dune vipere
Nest mortable.
En riens ali ne se conpere.

エスダンの機械庭園

フランス北東部のエスダンにある庭園は，1300年頃に建造が始まり，人間や動物を生き写しにした自動人形の名所として発展しました。エスダンには何体ものアンドロイド，猿，鳥の自動人形と，一つの計時装置がありました。エスダンの最初期の機械は，アルトワ伯ロベール2世（1250～1302）の求めに応じてつくられたものです。そこにはたとえば，橋が架かっていて，アナグマの毛皮をかぶせて本物そっくりに見せた機械のサルが6組群がっていました。また，機械仕掛けのイノシシの頭がパビリオンの壁を飾っていました。ロベール2世が亡くなると，娘のマホー（1268～1329）が技術革新のパトロンとなり，父の「楽しみの原動力」を維持しました。たとえば，サルは1312年に新しい皮で覆われ，角がつけられて悪魔のような外見になったのです。

自動人形庭園のアイデアはフランスのロマンス文学に現れる自動人形だけでなく，イスラム文化とその技術者にも触発されたものでしょう。歴史家のスコット・ライトセイは次のように書いています。「人工の驚異に対するヨーロッパ人の考え方におけるエスダンの重要性は，宮廷生活を送る動機として，この驚嘆すべき新たな現象が超自然的な偶然性を置き換えていった様子に表れている。……技術革新により，凝った大広間や遊園地で伝説の超自然的な恋物語さえ再現されるようになったのだ」

エスダンにおける作業は何年も続き，さまざまな機械的驚異に改良が加えられました。そのなかには，見物人に話しかける木の隠者，しゃべるフクロウ，機械鳥のいる噴水もあります。手を振るサルやそのほかの自動人形は，そのほとんどがゼンマイ仕掛けの部品か水圧，もしくはその両方を使った振子機構で動かされていました。

こういったロボットの展示物は，来園者にさらに広がる自動化の未来を垣間見せました。歴史家のシルビオ・A・ベディーニは次のように書いています。「技術進化における自動人形の役割は，……かなり重要である。機械的方法によって生命を真似る努力は，結果として機械の原理の発展をもたらし，肉体労働の軽減や単純化といった，技術本来の目的を満たす複雑な機構を生み出すことにつながった」

参照: クテシビオスの水時計（紀元前250年頃），
アル＝ジャザリーの自動人形（1206年），
ランスロットと銅の騎士（1220年頃），
教会の自動人形（1352年），
ボーカンソンのアヒル（1738年），
ジャケ・ドローの自動人形（1774年）

◀**エスダンの庭園** エスダンの壁に囲まれた庭園の図（上）。歯車の絵（下）は運命の女神の化身で，エスダンの自動人形のものと思われる機構を回しています。（ギヨーム・ド・マショーの『Le remede de fortune』，フランス，1350頃～1356. Paris BnF, MS Fr.1586, fol. 30v）

ラモン・リュイの『アルス・マグナ』

コンピューター科学者のニルス・ニルソンは「すべての探求がそうであるように，人工知能（AI）の探求も夢から始まった」と書いています。「人々は人間の能力をもった機械を長い間想像してきた——動く自動人形，考える装置を」。AI史上もっとも初期の装置はルルス（リュイ）の円盤です。カタルーニャの哲学者ラモン・リュイ（1232頃～1315頃）は著書『アルス・マグナ（大いなる術）』（1305年頃）の中で，円周に沿って文字や単語が書かれた回転する同心円の紙細工に言及しています。これらの文字や単語は機械錠と同様に新たな組み合わせで並べることができますが，この円盤の場合，新たな組み合わせが新しいアイデアや論理的探求の泉となったのです。作家のマーティン・ガードナーは書いています。「これは形式論理学の歴史の中で，数学的ではない真理を見つけるために幾何学図形を用いたもっとも古い試みであり，論理体系の扱いを助けるために機械装置——原始的な論理機械——を用いた初めての試みだった」

リュイの組み合わせ的創造性のための装置は，「知識を生み出す論理的手段」を用いた初期の方法を提供した」と作家のゲオルギ・ダラコフは書いています。「リュイは，きわめて初歩的だが，それでも機能する方法で，人間の思考が装置によって記述され，真似さ

えできることを実証したのである。これは考える機械に向けた小さな一歩だった」。ロウソクが照らすテーブルに着いたリュイが，円盤を回して単語を組み合わせている姿を想像してみましょう。作家のクリスティーナ・マディによれば，リュイは「より高度な知識が明かされ，宗教や創造に対する疑問への論理的な答えが与えられるであろう」と信じていました。そして「真理を探究し，こうした組み合わせ装置を使って新たな証拠を示すこと」を望んでいたのです。

ドイツの博学者で微分積分学の創始者の一人でもあるゴットフリート・ライプニッツ（1646～1716）による形式論理学に関する研究と「ステップ式計算機」の発明は，リュイの仕事に触発されたものです。データリサーチャーで教授のジョナサン・グレイは次のように書いています。「リュイとライプニッツの秘儀的な夢想の細々とした流れは，やがて，私たちの世界に織り込まれているユビキタスな計算の技術，実践，アイデアへの道を開いた。その広範な影響は未だに私たちの周りに広がっている……機械が，私たちが想像するような動きをするかどうかにかかわらず」

参照：ラガードの作文機関（1726年），
計算による創造性（1821年），
『サイバネティックセレンディピティ』（1968年）

◀ ラモン・リュイの『アルス・マグナ』の回転する輪と組み合わせの一式 (Illuminati sacre pagine p. fessoris amplissimi magistri Raymundi Lull, 1517.)

教会の自動人形

キリスト教会と関連するさまざまな自動人形が，中世の終わりから近世の初めにかけてヨーロッパに現れました。その人形の種類は，自動人形のキリストから，騒がしい音を立て舌を突き出す機械仕掛けの悪魔やサタンなどにまで及びました。たとえば，15世紀にイギリス・ケント州のボクスレー大修道院に存在した「恩寵の十字架」は，目，唇など身体のパーツを動かす，十字架に架けられたキリストそっくりの機械人形でした。15世紀の終わりには，自動人形の天使や聖書のできごとを模した自動人形も一般的になりました。歴史学教授のジェシカ・リスキンが語ったように，「自動人形は日常生活に身近な存在で，教会や大聖堂に起源をもち，そこから一般に広まった。イエズス会の修道士は，人形を中国に運んで，ヨーロッパのキリスト教の力を誇示した」のです。

中でも興味深いのは，フランス・アルザスのノートルダム＝ド＝ストラスブール大聖堂にある天文時計です。時計の建造は1352年に始まりました。時計には，頭を動かし，羽ばたきをし，（ふいごとリードを使って）時を告げる雄鶏の自動人形が組み込まれており，また動く天使もついていました。1547年頃，雄鶏の自動人形を残してこの時計は交換，改良されました。2番目の時計は1788年に動作を停止しています。1838年になって，ようやく新しい機構を備えた現在の時計が現れ，古い時計に置き換わりました。

ストラスブールの時計は，自動人形のほかに永久カレンダー（イースターの日付を特定する仕掛けがある）や，日食，月食などの表示を備えていました。作家のファニー・コーは1896年にストラスブールの時計について次のように書いています。「それはほとんど小劇場のようで，それぞれの小さな役割を演じる，実に多くの人や動物の人形がいた。……正時ごとに天使が鐘を叩き，正午と真夜中には，等身大のキリストと十二人の弟子の人形が扉から姿を現す。……そして，時計の上の小塔にいる金の雄鶏が，羽ばたいて鬨（とき）の声をあげる」

学者のジュリアス・フレイザーは次のように書いています。「暦の科学と時計の職人芸が発達して，キリスト教の宇宙を表しほめたたえる工芸品を生み出した。……これらは，科学者や職人の技術を，人々の世俗的な利益のために用いるという，後世の欲求の前兆だったのだ」

参照：アル＝ジャザリーの自動人形（1206年），エスダンの機械庭園（1300年頃），ジャケ・ドローの自動人形（1774年）

◀ **フランス・アルザスのノートルダム＝ド＝ストラスブール大聖堂の天文時計**　左上に自動の雄鶏が見えます。

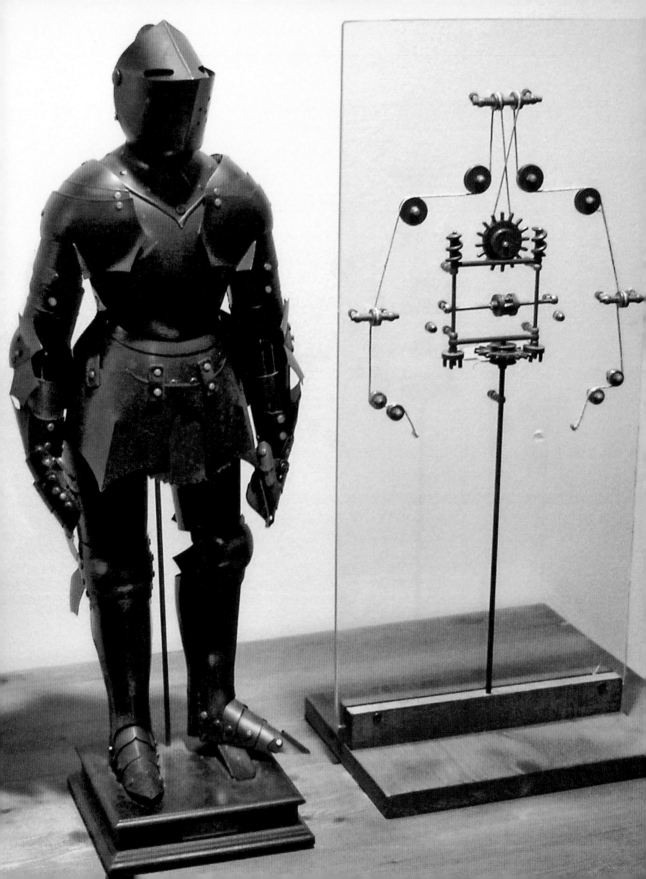

ダ・ヴィンチのロボット騎士

ロボット技術者のマーク・ロスハイムは「鎧をまとったダ・ヴィンチのロボット騎士が立ち上がった。腕を広げて閉じたのは,おそらく,何かをつかむ動作だ。自由に曲がる首に載った頭を動かした。かぶとのバイザーを開けた」と書いています。「たぶん恐ろしい顔を見せるためだ。騎士は木材と真ちゅう,あるいは青銅と革でできており,ケーブルで操作されていた」

レオナルド・ダ・ヴィンチ(1452～1519)はイタリアのルネッサンス期の博学者で,絵画や建築から解剖学や工学に至るまで幅広い興味を抱いていました。ダ・ヴィンチの日記には,楽器,クランク機構,前述のロボット騎士の描写や研究が含まれています。これらは1495年頃に描かれたもので,ダ・ヴィンチのデッサンと注釈をまとめた12巻の革装『アトランティコ手稿』に収められています。関節継手および動く腕,あご,頭をもつダ・ヴィンチ式ロボット設計の機構では,各部を動かすのにプーリーシステムを使っていました。このアンドロイドはドイツ・イタリア風の中世の鎧をまとい,立ったり座ったりすることができ,上半身と下半身を制御するために,別々に作動する複数の歯車システムを備えていました。ダ・ヴィンチは,鳥や手押し車など,ほかの自動機械のモデルもスケッチしています。

ダ・ヴィンチのロボット騎士が,実際につくられたかどうかはわかりませんが,似たようなロボットが,イタリア・スペインの技術者ファネロ・トゥリアーノ(1500頃～1585)のようなほかの技術者に影響を与えた可能性はあります。トゥリアーノはスペイン国王フェリペ2世のために,ケーブルとプーリーを用いた機械の修道士をつくりました。国王は,息子が頭部の重傷から奇跡的に回復したのは,ディダクスという名のフランシスコ会修道士を介した神の加護だと考えていました。ゼンマイ駆動の時計仕掛けのディダクスは,口や腕を動かして歩き,黙とうを捧げました。現在,ディダクスはワシントンD.C.のスミソニアン博物館に展示されていて,今でも動かすことができます。

ダ・ヴィンチのロボット騎士に関して,作家のシンシア・フィリップスとシャナ・プリワーは次のように書いています。「ダ・ヴィンチのロボット設計は,彼の解剖学と幾何学の研究の集大成だった。機械科学と人間の形を結びつけるのに,これにまさる方法があるだろうか? ダ・ヴィンチは,ローマ建築に固有の比率と関係性を採用し,それらを,すべての生物に固有の機構と動作に当てはめた。このロボットはある意味,命を吹き込まれたウィトルウィウス的人体図だったのである」

参照: タロス(紀元前400年頃),
ランスロットと銅の騎士(1220年頃),
チクタク(1907年),
電動人間エレクトロ(1939年)

◀ダ・ヴィンチのロボット騎士の模型　右にあるのは内部の歯車,プーリー,ケーブル

ゴーレム

The Forward 紙によると，「スティーブン・ホーキングが人工知能の危険性を警告するずっと前に，ゴーレムの伝説がユダヤ人に同じようなサブリミナルメッセージを伝えていた」そうです。ユダヤ人の言い伝えに登場するゴーレムは，粘土や泥でできた躍動感あふれる生き物です。いったん起動して世に放たれると制御が困難になるという，人造の自動人形における人工知能に見られる特徴を示します。おそらくもっとも有名なゴーレムは，1580年にプラハのラビだったイェフダ・レーブ・ベン・ベザレル（1520頃～1609）が反ユダヤ主義者の攻撃からプラハのゲットーのユダヤ人を守るためにつくったとされるものです。このプラハのゴーレムの物語は1800年代の何人かの作家が記録しています。

通常，ゴーレムには動き続けるための魔法の言葉や宗教的な言葉が刻まれています。伝説によると，ゴーレムのつくり手は，たとえばゴーレムの額か舌の下にはさんだ粘土板や紙に神の名を書くことがありました。額に書かれた emet（ヘブライ語で真理の意味）という単語で動くゴーレムもいました。ここで，emet の最初の一文字を消して met（ヘブライ語で死の意味）とするとゴーレムを止めることができるのです。

ゴーレムをつくるためのほかの古いユダヤの製法のなかには，ヘブライ語のアルファベットの各文字を，テトラグラマトン（ヘブライの神の名を表す四文字言葉）である YHVH のそれぞれの文字と組み合わせ，できた文字の組を考えうる限りの母音で発音することを求めたものもありました。テトラグラマトンはゴーレムに実体とエネルギーを与える「起動命令」の役目を果たすのです。

ゴーレムという単語は旧約聖書に一度だけ登場します（詩篇139章16節）。そこでは不完全もしくは未熟な身体を指しています。聖書ではその一説を次のように訳しています。「あなたの目は胎児の私を見られ，あなたの書物にすべてが，書き記されました。私のためにつくられた日々が，しかも，その一日もないうちに」（新改訳聖書）。ヘブライ語では，ゴーレムとは「形のない塊」や「脳がない」存在を表す場合があり，ユダヤの律法書タルムードでは「不完全」という意味を含んでいます。そのため文学に現れるほとんどのゴーレムは鈍重な姿で描かれていますが，単純な繰り返し作業をさせることはできるのです。実際，ゴーレムのつくり手の課題は，ゴーレムが仕事を実行したり繰り返したりするのを最終的にどうやって止めるのか，ということでした。

参照: タロス（紀元前400年頃），
　　　ランスロットと銅の騎士（1220年頃），
　　　『フランケンシュタイン』（1818年）

◀『プラハのゴーレム』（チェコの画家ユージン・イワノフ作）　中央がゴーレムで，肩に乗っているのがラビのイェフダ・レーブ・ベン・ベザレル

ホッブズの『リヴァイアサン』

イギリスの哲学者トマス・ホッブズ（1588～1679）は1651年に『リヴァイアサン』を著しました。これは，社会の構造とその政府との関係に注目した書物です。この中でホッブズは，科学史家のジョージ・ダイソンをしてホッブズを「人工知能の父」と言わしめた，いくつかの発言を残しています。たとえばその導入部で，ホッブズは人体を機械的なエンジンと比較しています。「「自然」は，天地を創造し支配するために神が用いる技である。人間はその技を……模倣し，人工的な動物をつくることができる。しかし，生命とは手足の運動のことであり，運動は内部の中心部から始まる。ならば，あらゆる自動装置（腕時計のようにゼンマイと歯車でみずから動く機械）には人工生命がある，と言えないだろうか？　心臓の替わりにゼンマイがあり，神経の替わりに多くのワイヤーがあり，関節の替わりに多くの歯車があって，身体全体に動きを与える……」

ホッブズによれば，人間は論理的に考える際，数を足したり引いたりするように記号的な計算と操作を行います。「論理的思考とは計算のことである。さて，計算するということは，いっしょに足し合わせた多くのものの和を集めるか，あるものを別のものから取り出したときに残ったものを知ることの，いずれかである」

ダイソンは問います。「もし推論が算術に帰着できるのなら，ホッブズの時代でも機械にできたことだ。ならば，機械は論理的思考ができるのだろうか？　機械は考えることができるのだろうか？」。コンピューター設計者のダニエル・ヒリスは，自分で考えることができる人工的な心をつくり出す可能性について，自分の考察を述べています。「局所的な相互作用がどのように創発的な行動を生み出すのかについて私たちが無知なことが，人間の心の機械的な説明を恐れる人にとって，魂を覆い隠す都合のよい霧となっている。私たちは人工知能の要素を，個々のコンピューターと個々のコンピュータープログラムで開発しているが，人工的な心のリヴァイアサン（共同体）の出現によりふさわしい媒体として私たちが開発しているのは，より大きなネットワーク（あるいはネットワーク全体）なのだ」

参照: 意識の工場（1714年），『美の芸術家』（1844年），『機械の中のダーウィン』（1863年），『人工頭脳』（1949年），『人間機械論』（1950年）

◀ **トマス・ホッブズ著『リヴァイアサン』の表紙**　フランスの画家アブラハム・ボス（1604～1676）による銅版画

意識の工場

意識というものが脳細胞とその構成要素のパターンと動的な相互関係の結果だと考えるならば，私たちの思考，感情，記憶は，ティンカートイを動的に組み立てることで再現できるかもしれません。ティンカートイで私たちの心の複雑さを表現するとすれば，非常に大きなものが必要となるでしょうが，研究者が１万個のティンカートイで三目並べをするコンピューターをつくったのと同じ方法で，おそらく，非常に複雑な機構をつくることができるでしょう。原理上，私たちの心は葉や小枝の動きや，鳥が群がる中に具現化できるはずなのです。1714年，ドイツの哲学者で数学者のゴットフリート・ライプニッツは，論文『モナドロジー』の中で，考えたり感じたりすることができる，工場と同じぐらい大きくて人工知能をもつ機械を想像しています。彼はまた，もしその内部を調べることができたら，「お互いに押し合う部品だけがあり，知覚を説明できるものは一切ない」ことがわかるだろう，と認識していました。同様に，部品が湿った有機物でつくられていなくても意識をもつAIの実体を将来開発できるかもしれません。

哲学者のニック・ボストロム（1973～）は単一の電子的脳細胞を考えています。「脳細胞は特定の性質をもった物理的な物体である。その性質を完全に理解し，電子的に再現する知識を身につけるようになれば，電子的な脳細胞は間違いなく有機的な脳細胞と同じ機能を果たすことができる。そして，一つの脳細胞でできるのなら，結果として生じるシステムはまさに脳と同じような意識をもつのではないだろうか？」

ロボット学者のハンス・モラベック（1948～）は次のように書いています。「私たちは膨大な神経回路上でシミュレートされた意識的存在であり，その意識的存在は神経回路で起きていることを解釈する中でのみ見つかる。意識とは，噴出する実際の化学信号ではなく，それらの信号の集積に対するある種の高度な解釈であり，それこそが１ドル紙幣の価値のように意識をほかの解釈と隔てる唯一のものだ」

同様に，脳が100個の小さな箱に仕切られ，それぞれが遠く離れて電線か光ファイバーで結ばれているとしても，おそらく脳は機能するでしょう。わかりやすくするために，自分の脳の左半分と右半分が１km離れていて人工的な脳梁でつながっている様子を想像してください。それでも自分は自分ですよね？

参照：三目並べ（紀元前1300年頃），
ホッブズの『リヴァイアサン』（1651年），
ボーカンソンのアヒル（1738年），
魂の探索（1907年），『人工頭脳』（1949年），
シミュレーション仮説（1967年）

◀ **ベンジャビザ・ラングバリーによる水彩画**　意識というものが，脳細胞とその構成要素の，パターンと動的な相互関係の結果だと考えるならば，私たちの心は，葉や小枝の動きや，鳥が群がる中に，具現化できるはずです。

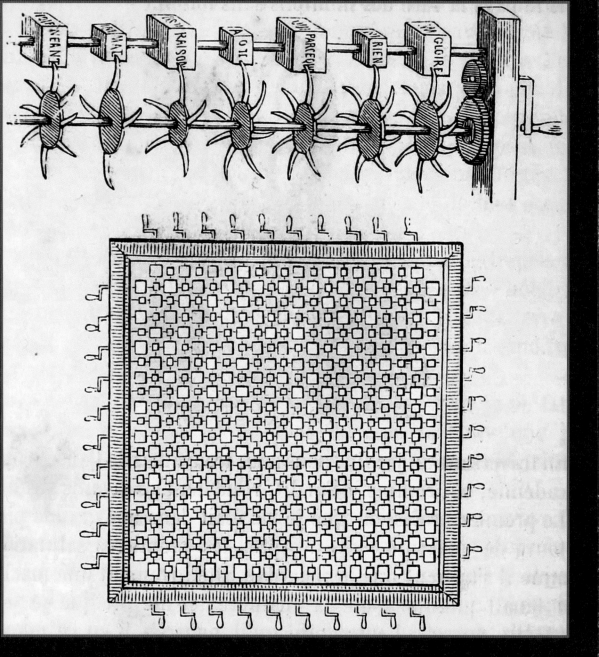

ラガードの作文機関

イギリス系アイルランド人の作家ジョナサン・スウィフト（1667～1745）が1726年に出した有名な小説『ガリバー旅行記』では，機械的創造性エンジンが描写されています。その装置は，小説で詳細に論じられた最初のAI装置かもしれません。ガリバーが架空の都市ラガードを訪れている間に，ある教授が文学を生成する装置，技術書，興味深いアイデアなどを披露しました。ガリバーはこれをどういうものか説明します。「教授の方法によれば，どんな無知な人間でも適度な費用と若干の肉体労働により，哲学，詩，政治，法律，数学，技術に関する本を書くことができる。特殊な才能や勉強に頼る必要はまったくない」

ガリバーは「細い針金でお互いにつながった」さまざまな木片をもつ，縦横6mほどの面積を占める装置のところに連れていかれます。タイルのような表面には，「その国の言葉のすべての単語が，さまざまな叙法，時制，語尾変化で書かれた」紙が貼られていますが，単語の順番はでたらめです。

ガリバーはこの装置の運転について，次のように記述しています。「弟子たちは，教授の命令に従い，枠の端にぐるりと取りつけられた40個の鉄のハンドルのそれぞれ一つをつかんだ。そしてハンドルを急に回すと，全体の単語の配列が完全に変わった。すると教授は弟子に向かって，枠の表に現れた何行かを静かに読むよう指示した。そこに文章の一部をなすような三つか四つの単語のかたまりがあれば声を出して読ませ，書記として残っていた四人の弟子に書きとらせた。……ハンドルを回すごとに四角い木片がひっくり返り，単語は新しい場所に移った」

作家のエリック・A・ワイスは次のように書いています。「（この機械の）目的，傑出した発明家でもある教授の主張，公的資金の要求，弟子による装置の操作といった特徴により，この機械は明確に初期の人工知能への試みとして分類され，この分野の典型としてよく引用されるようになった」。なお，組み合わせとランダム性を使った人工的な創造性を表した，現実世界におけるその後の例として，1984年に出版された『警官のひげは半分だけ』の散文を生成した，コンピュータープログラムRacterがあります。

参照: ラモン・リュイの『アルス・マグナ』（1305年頃），
計算による創造性（1821年），
『サイバネティックセレンディピティ』（1968年）

◀ **ラガードの作文機関**　フランスの画家J・J・グランヴィル（1803～1847）によって描かれたもの。1856年に出版された『ガリバー旅行記』フランス語訳に掲載されました。

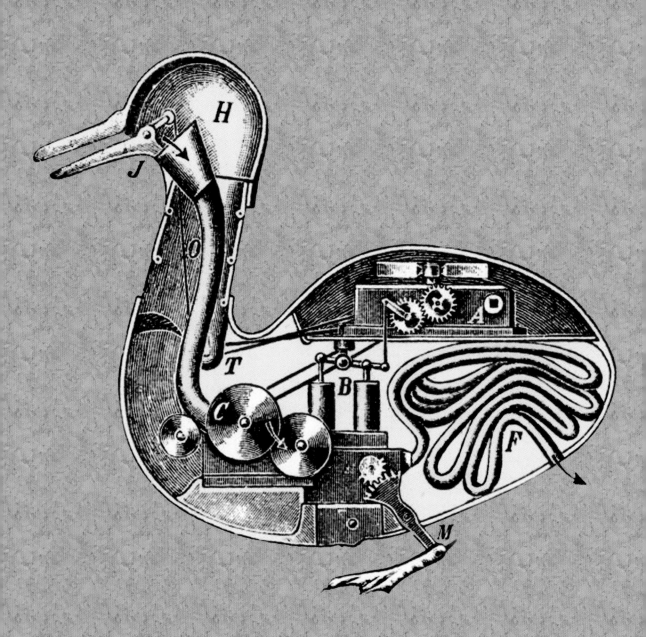

ボーカンソンのアヒル

アメリカの神経科学者ポール・W・グリムシャーは「1738年，29歳のフランスの時計職人ジャック・ド・ボーカンソン（1709～1782）は，チュイルリー公園で歴史上もっとも有名なロボットの一つを展示した」と書いています。ボーカンソンのアヒルには何百もの可動部品と羽根がありました。アヒルは頭を動かし，くちばしで水をかき混ぜ，翼をばたつかせ，出展者の手からえさを飲み込み，そのほかさまざまな本物そっくりの動作を行いました。数分後には消化されたえさの残りが下に排泄されるはずです。もちろんこのアヒルが本当にえさを消化したわけではありません。アヒルのおしりには，排泄物を模造したものがこっそり詰め込まれていたのです。それでも，このような多才な自動人形は生物と純粋な機械の間の境界線についての議論を引き起こしました。ロボットがより多才になるにつれ，その境界線がどこまで曖昧になるか，ということも議論の対象になりました。

この有名な「消化するアヒル」に対する関心は時とともに高まりました。この奇妙な生き物はトマス・ピンチョンが1997年に書いた『メイスン＆ディクスン』という評判の高い小説にも登場します。この生き物は意識をもつようになり，「死のくちばし」でフランス人シェフを追いかけまわして脅すのです。

ボーカンソンはほかにも三本の木管に取りつけたいくつかのふいごで駆動する，見事な自動フルート奏者をつくりました。歯車とカムでフルート奏者の指，舌，唇を制御するレバーを動かしたのです。機械仕掛けのフルート奏者は「ディドロの『百科全書』がアンドロイド，つまり人間の機能を演じる人形として定義した最初の例だった」と歴史家のジェシカ・リスキンは書いています。1740年代にボーカンソンはもっと実用的なものとして絹の自動織機を設計しましたが，残念なことに（人間の）職工の反発を買って，街中で石を投げられました。

グリムシャーは続けます。「ボーカンソンのアヒルは，18世紀の観衆に現代の神経科学を未だに悩ませている問題を投げかけた。私たち一人ひとりの内部で起きている機械的な相互作用は，私たちが実際につくり出す複雑な行動様式を生成するのに十分なものだろうか？　私たちを人間として定義するものは何か？　私たちがつくり出す行動の複雑さなのか？　私たちの行動を生成する際に現れる，相互作用の問題に特有の様式なのか？」

参照：エスダンの機械庭園（1300年頃），
ダ・ヴィンチのロボット騎士（1495年頃），
意識の工場（1714年），
『大平原のスチームマン』（1868年），
『エレクトリック・ボブの大きな黒ダチョウ』
（1893年）

◀ **ボーカンソンのアヒルの有名な絵**　1899年1月21日発行の *Scientific American* 誌に登場したもの。ここに描かれた機構は，必ずしも実際の構造を表していませんが，排出路を指す矢印は適切に示されています。

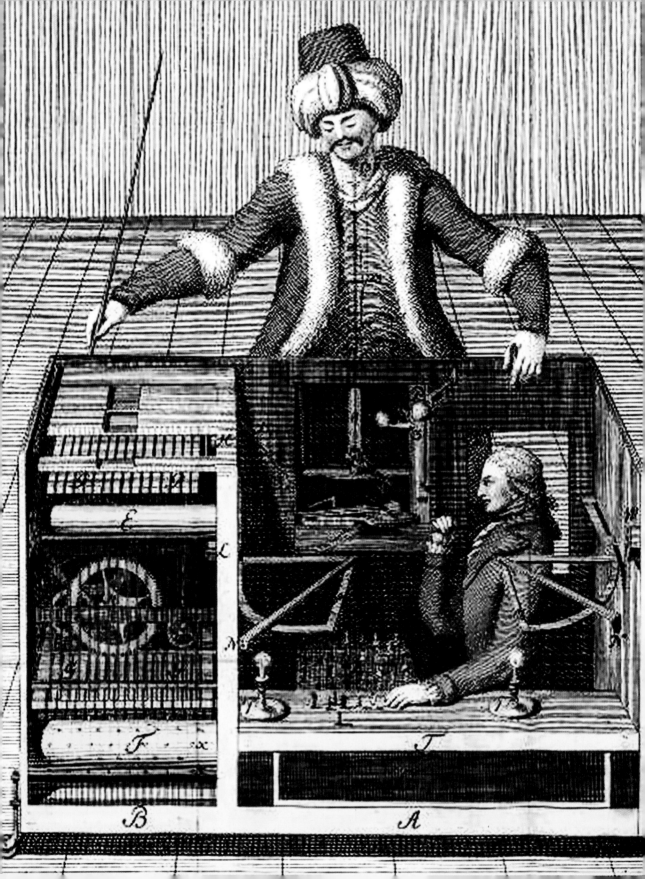

機械仕掛けのトルコ人

機械仕掛けのトルコ人は，1770年にハンガリーの発明家ウォルフガング・フォン・ケンペレン（1734 ～ 1804）がつくったチェスをするアンドロイドで，オーストリア・ハプスブルク家の女帝マリア・テレジアに献呈されました。この機械は巧みにチェスを戦うように見えました。ナポレオン・ボナパルトやベンジャミン・フランクリンといった著名人を含むヨーロッパやアメリカのチェスプレイヤーを倒したのです。ローブ，ターバン，黒ひげで飾られた等身大のアンドロイドは，上にチェス盤のついた大きなキャビネットに座り，実際に手を使ってチェスの駒を動かしました。その動作の秘密は長年謎に包まれていましたが，今日では，複雑なキャビネットに巧妙に隠された人間のチェス熟練者が磁石を使って部品やさまざまなレバーを動かし，アンドロイドの身体を動かしていたことがわかっています。ケンペレンは神秘性を高めるために対局前に実際にキャビネットのドアを開け，時計仕掛けの機械の中に人が隠れる余地がないのを見せるのでした。多くの人がこのトルコ人を巧妙な「トリック」であると承知していたにせよ，それでも機械にはどんな種類の仕事ができるのか，そして人間のどんな能力が機械に置き換わるのか，という疑問が人々の心に生じました。

機械仕掛けのトルコ人がどうやって動くのかについては，不正確な記事がたくさん書かれています。たとえばエドガー・アラン・ポーは，トルコ人アンドロイドの胴体の中に人間が座っているのだと間違った意見を述べました。興味深いことに，現代のコンピューターの父の一人であるチャールズ・バベッジもこのトルコ人に触発されたようです。バベッジは，機械式計算機の仕事を始めたころ，機械に「考える」ことができるのか，あるいはせめて相当に高度な計算ができるのか，疑問を感じていたのです。

作家のエラ・モートンは次のように述べています。「このトルコ人が結局，人間の行動と少しばかりの古臭いマジックに頼っていたとはいえ，そのもっともらしい機械的性質は，驚きと関心の元となった。産業革命の真っただ中に現れたこのトルコ人は，自動化の本質と考えることのできる機械を創造することの可能性について，人々の心を揺さぶる疑問を引き起こした。トルコ人が機械仕掛けで動くように見えたという事実が……チェスは"知性のみが扱える分野"だという考えと矛盾したのだ」

参照: バベッジの機械式計算機（1822年），
『象はチェスをしない』（1990年），
チェッカーとAI（1994年），
ディープブルー（1997年）

◀ **トルコ人の内部の一部**　ヨーゼフ・フォン・ラクニッツ（1744 ～ 1818）によって発行された小冊子に掲載されたもので，トルコ人の動作の仮説を立てています。（Uber den schachspieler des herrn von Kempelen und dessen nachbildung，ライプツィッヒとドレスデン，1789 より）

ジャケ・ドローの自動人形

小説家ジャン・ロラン（1855 ～ 1906）は「それらは大きなマリオネットだったかもしれない」と書いています。「あるいは，パニックで置き去りにされた背の高いマネキン人形だったのだろうか。私が思うに，なにか厄災が……街を襲い，住人は消えてしまったのだ。私は独り恋する人形たちとともにあり，それら機械人形全員の動かぬニスの眼にとり憑かれたのだった」

まるで生きているような自動人形に対するこうした不気味な考え方から連想されるのは，ロボット的な存在に対する私たちの長年の憧れと，18世紀の特別な一連の自動人形です。その複雑さやプログラムできることを考えれば，そうしたアンドロイドはコンピューターの古い祖先だといってもよいでしょう。時計職人のピエール・ジャケ・ドロー（1721 ～ 1790）が1768年から1774年にかけてつくった三体の自動人形，すなわち，少年作家のアンドロイド（約6000個の部品でできていた），女性音楽家（2500部品），子供の製図工（2000部品）は大勢のファンを集めました。少年アンドロイドは羽根ペンをインクに浸し，40文字までの文章を書くように一連のカムでプログラムできました。少年は定期的にインクにペンをつけ，その目は書いている文字を追いました。

音楽家の自動人形は実際に自分の指で鍵盤を押してオルガンを弾きました。身体と頭を自然に動かし，指先を目で追う彼女はまるで生きているようでした。演奏の前後に「息継ぎ」するように設計されていて，音楽に感極まったかのように身体が上下するのです。製図工は，犬，ルイ15世の肖像，戦車を駆るキューピッド，王室のカップルという，四種類の異なる絵をスケッチできました。

こうした自動人形は，（たとえば身の回りにある家具にはない）機構が体内にあることで注目に値します。プログラムが可能である，小型化されている，忘れられないほどリアルである，といった特徴がより際立つからです。ジャケ・ドローはのちに息子のアンリ＝ルイと機械工（養子だった）のジャン・フレデリック・レショーの助けを借りて，先天的な変形をもつ男性のために二本の義手をつくったといわれています。義手は白い手袋をはめており，字を書いたり絵を描いたりできるほど十分に汎用性があったといわれています。

参照: アル＝ジャザリーの自動人形（1206年），
　　　エスダンの機械庭園（1300年頃），
　　　教会の自動人形（1352年），
　　　ボーカンソンのアヒル（1738年）

◀ジャケ・ドローの少年作家アンドロイド　スイスのヌーシャテル美術歴史美術館に展示されています。

FRANKENSTEIN.

"*By the glimmer of the half-extinguished
light, I saw the dull, yellow eye of the
creature open; it breathed hard, and a
convulsive motion agitated its limbs.
*** I rushed out of the room.*"

Page 43.

T. Holst, del.   W. Chevalier, sculp.

『フランケンシュタイン』

世界経済フォーラムの人事担当役員を務めるパオロ・ギャロは「『フランケンシュタイン』は第一次産業革命の最中に書かれた」と書いています。「多くの人に混乱と不安をもたらしたとてつもない変化の時代で、人間と技術の関係について次のような鋭い問いを投げかけた。私たちは自分に制御できない怪物をつくり出しているのではないだろうか？私たちは人間性、思いやり、共感と感動する能力を失いつつあるのではないだろうか？」

メアリー・シェリー（1797〜1851）の小説『フランケンシュタイン』（初版1818年）の中で際立っているテーマは、特別な種類の人工知能の危険性です。この小説では、科学者のビクター・フランケンシュタインが食肉処理場と墓地に侵入して、身体のさまざまな部分から生き物を構成し、それを「生命の火花」で活性化させます。一方で、ビクターは自分の創造を不死の実現に向けた実験として考察します。「生と死の境は観念上のものだから、この観念を最初に打破して、暗い世界に光の奔流を注ぐべきだと思った。新しい種は私を創造主として祝福するだろう。……もし私が命のないものに生気を与えることができるのなら、私は……死によって腐敗したように見える死体を蘇生できるかもしれない」

メアリー・シェリーが19歳で『フランケンシュタイン』を書き上げるまでに、ヨーロッパ人は生物学における電気の役割と、死んだ生体組織を再生する可能性に関する理論に魅了されていました。そんな時代に、メアリーは夢の中で物語のもとになるアイデアをひらめいたそうです。折しも、イタリアの物理学者ジョバンニ・アルディーニ（1762〜1834）は、1803年頃のロンドンで電気を用いた人間の蘇生の公開実験にたびたびかかわっていました。

『フランケンシュタイン』では死と破滅が至るところに待ち構えており、大勢の登場人物が最期を迎えます。特にビクターは、怪物の求めに応じてつくったその女友達を未完成のまま殺し、怪物（実は一度も"フランケンシュタイン"の名前では呼ばれていない）はビクターの妻エリザベスを殺します。小説の終わりでビクターは自分のつくった怪物を北極まで追いかけますが、ビクターは死に、怪物もみずから葬送の劫火に飛び込んで命を絶つことを誓います。

ジャーナリストのダニエル・ダダリオは次のように書いています。「『フランケンシュタイン』の物語は、人間は本質的に人工知能を不自然で異様なものとして拒否する、という考えにもとづいている。その嫌悪感の大部分は怪物のことさら奇怪な外見によるものだ。……しかしAIがより魅力的な装いで現れ、実用性を備えていたらどうだろうか？」

参照：タロス（紀元前400年頃）、ゴーレム（1580年）、『大平原のスチームマン』（1868年）、『ロボット（R. U. R.）』（1920年）

◀1831年版『フランケンシュタイン』の表紙　ロンドンの出版社から発行されたもの。Colburn and Bentley

計算による創造性

ロンドン大学ゴールドスミス・カレッジ・コンピューターグループのサイモン・コルトンとゲラント・ウィギンスは「社会的にみて，私たちはみずからの創造性を自負すべきだ」と書いています。「文化の進歩に対する，創造的な人々とその貢献はきわめて有益だ。さらには，創造的な行動をとると，あらゆる知的能力が引き出されるため，そうした行動をシミュレーションすることは，人工知能研究の重要な技術課題である。したがって「計算による創造性」を，ほかの何にも優るAI研究のフロンティア，もっといえば最後のフロンティアであると特徴づけてよいと思う」

「計算による創造性」（Computational Creativity, CC）にはいくつかの意味があります。ここではコンピューターなどの機械を用いて，創造性をシミュレーションするAIの一分野のことを取り上げましょう。シミュレーションの結果はしばしば斬新で役立ちそうに思われます。「CC」は人間の創造性を高めるプログラムを指すこともあります。研究者は，たとえば人工ニューラルネットワーク（ANN）やその他の手法を用いて，昔の芸術家の様式に則った美しい音楽や絵画を制作しました。特に，敵対的生成ネットワーク（GNN）は競争する二つのANNを使って，顔，花，鳥，部屋のインテリアを模した写真のような画像を生成します。CCのほかの取り組みとしては，おいしい料理レシピの考案，新しい視覚芸術の創造，詩や物語の創作に加え，ジョーク，数学の定理，米国特許，新しいゲーム，新しいチェスパズル，アンテナや熱交換器の革新的設計といったものを生み出すのに使われています。要するに，なんらかの計算的もしくは人工的な手段によりコンピューターがデザインを生み出してそれを出力すれば，そこに人の手が入っていたとしても創造的行為とみなされるのです。

初期の簡単なCCの例として，1821年にディートリッヒ・ウィンケル（1777 ~ 1826）が発明したコンポニウムを考えてみましょう。これは機械式自動オルガンで，音楽のテーマの変奏をほとんど無限につくり出せるものでした。ランダムに選ばれたテーマを二小節ずつ交替に演奏する二つのシリンダーがついており，フライホイールが一種のプログラマーの役割をしてどのテーマを選ぶかを決定しました。もしそれぞれの変奏が5分間続くとすれば，コンポニウムが変奏のすべての組み合わせを演奏するには138兆年以上かかる，とウィンケルは言いました！

参照: ラモン・リュイの『アルス・マグナ』1305年頃），
ラガードの作文機関（1726年），
『サイバネティックセレンディピティ』（1968年），
遺伝的アルゴリズム（1975年），
コンピューター芸術とディープドリーム（2015年）

◀「電気羊」による画像　「電気羊」は，スコット・ドレーブスが開発した協調的な抽象画像作成システムです。人気の高い羊が長生きし，突然変異と交叉を伴う遺伝的アルゴリズムに従って繁殖します。

バベッジの機械式計算機

　チャールズ・バベッジ（1791 ～ 1871）はイギリスの分析哲学者，統計学者，発明家です。バベッジは，機械仕掛けのトルコ人が1819年にイギリスにもち込まれ，人間のチェスプレイヤーを負かすのを目撃しました。バベッジはもちろん，このトルコ人がなんらかのトリックであることを知っていたに違いありません。しかし，このアンドロイド装置に刺激を受けたバベッジがほかのもっと実用的な思考する機械について思索を深め，それが人工知能の旅への初めの一歩となったのだと多くの人が考えています。

　バベッジはしばしば，コンピューターの「先史時代」におけるもっとも重要な数学者であり技術者であるとみなされています。特に現代のコンピューターの先駆けともいえる，手動でクランクを回す巨大な機械式計算機を考案したことで有名です。バベッジは，この装置がもっとも役立つのは数表をつくる場面だと考えていましたが，31個の金属製出力歯車に現れた結果を人間が写し間違えることを心配していました。バベッジが時代に一世紀あまり先行しており，当時の政治や技術が彼の壮大な夢をかなえるには不十分だったことを今日の私たちはわかっています。

　バベッジの階差機関の開発は1822年に始まりましたが，完成することはありませんでした。この装置は約25,000点の部品を使い，多項式関数の値を計算するように設計されていました。バベッジはさらに汎用的なコンピューターである「解析機関」をつくることも計画していました。こちらはパンチカードでプログラムすることができ，独立した数値格納部と計算部をもつ装置です。50桁の数字を1000個保存できる分析機関の幅は，完成していれば30 m以上になったでしょう。イギリスの詩人バイロン卿の娘エイダ・ラブレス（1815 ～ 1852）は，この分析機関のためのプログラムを提供しました。バベッジの手を借りはしたものの，エイダは最初のコンピュータープログラマーだと多くの人が考えています。

　1990年，小説家のウィリアム・ギブスンとブルース・スターリングは『ディファレンス・エンジン』を書き，もしビクトリア朝の社会でバベッジの機械式計算機が利用できていたら，その後の世界はどうなっていたかを想像するよう読者に問うています。実際に小説の終わりで，架空の，ほかの可能性の1991年がでてきます。そこでは自我をもつコンピューターが進化しており，この小説のナレーターを受けもっていることがわかります。

参照：アバカス（紀元前190年頃），
　　　機械仕掛けのトルコ人（1770年），
　　　ENIAC（1946年）

◀チャールズ・バベッジの階差機関の動作模型の一部　ロンドン科学博物館所蔵

『美の芸術家』

ナサニエル・ホーソーン（1804～1864）の『美の芸術家』は，初めてのロボット昆虫の短編小説です。その忘れがたい美しさ，そしてAIと人間の反応に対して疑問を投げかけるという点で筆者が大好きな作品です。電球が発明されるずっと前，1844年に出版されたこの小説は時計店で働く天才オーウェン・ウォーランドの人生に焦点を当てています。オーウェンは店主の娘アニー・ホーベンデンに密かな恋心を抱く繊細な若者で，「自然の美しい動作を模倣して，鳥の飛翔や小動物の動きを具現できないかと考える」のでした。

オーウェンはついに機械仕掛けの蝶をつくることに成功します。店主は初期のモデルを見つけ，「蝶の解剖模型のように繊細で小さななにか機械らしきもの」を誤ってもう少しで壊しそうになります。店主は叫びます。「オーウェン！　この小さな鎖や歯車や羽根には魔法がかかっている」

小説の終わりの場面で，オーウェンは自分がつくった新しいモデルをアニーに見せることを決心します。「一匹の蝶がひらひらと飛び立ち，アニーの指に舞い降り，また飛び立つ準備をするかのように，紫と金の斑紋があるゆったりとしたきらびやかな羽根を震わせた。この美しい物体に優しく込められたその輝き，きらめき，繊細なあでやかさを言葉で表すことはできない。ここに，自然の理想的な蝶が完璧に具現化されたのだ。地上の花の間を飛び回る色あせた昆虫の姿ではなく，幼い天使や天に召された幼児の霊がともにたわむれるかのように，天国の草原を舞う姿として」

「きれい！　きれいだわ！」とアニーは叫びました。「生きてるの？　これ，生きてるの？」

蝶は空中に飛び立ち，アニーの頭のあたりで羽ばたきます。物語は悲しい結末を迎えるように見えます。蝶はわがままな子供につぶされて，「きらきら光る破片の小さな山」になるのです。しかしオーウェンはある種の啓示を受け，蝶の美は永遠だと悟ります。

ところで，面白い余談があります。2015年，人間の感情状態を検出し，それに反応して動くことで私たちの気分をよくしてくれるロボット蝶が米国特許第9,046,884号として登録されたのです。

参照：ボーカンソンのアヒル（1738年），
　　　ジャケ・ドローの自動人形（1774年），
　　　チクタク（1907年），
　　　スピルバーグの『A. I.』（2001年）

◀ **『美の芸術家』**　この小説では神秘的でまるで生きているような，繊細で美しい機械仕掛けの蝶の創作が描かれています。

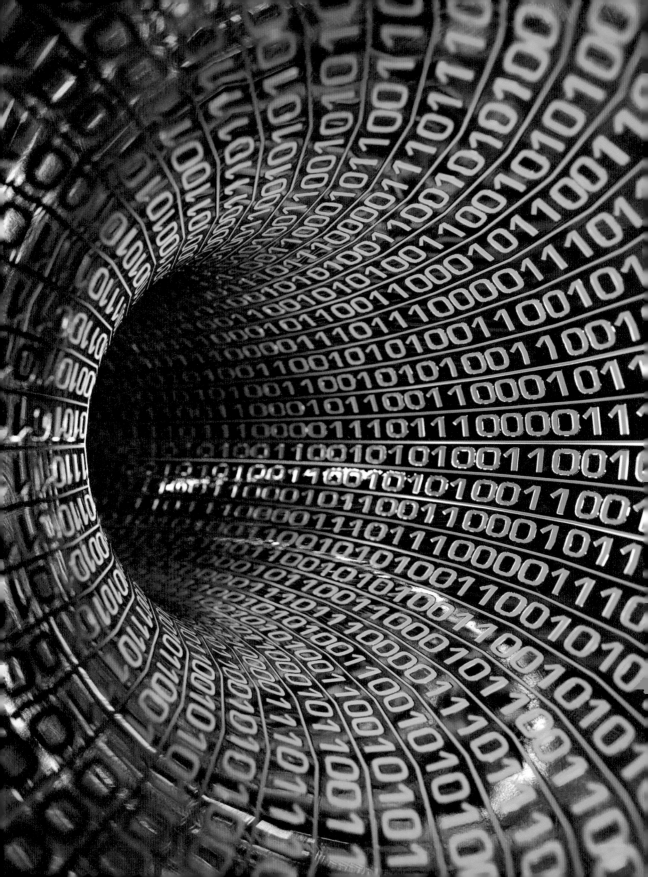

ブール代数

イギリスの数学者ジョージ・ブール（1815～1864）の生誕200年に際し，ジャーナリストのジェームズ・ティットコムはブールについて，「人工知能の理論に関する初期の思想家で，あらゆる人間の思考は一連の数学的規則に帰着できると信じ，人間のきつい単純労働は機械に置き換えられると主張した」とたたえました。

ブールはもっとも重要な著作の中で，自分の目的は「推論を行う知性の操作に関する基本法則を研究し，人間の知性の性質と構造に関する有望な示唆を集める」ことだと述べました。1854年に出版され，大きな影響を与えたこの本の題名は『思考の法則の研究──論理と確率の数学的理論の基礎』でした。ブールは論理を0と1からなる二つの量と，三つの基本演算子and, or, notだけを含む簡潔な代数に帰着させることに興味をもっていました。現代では，ブール代数は電話交換機や現代のコンピューターの設計に幅広く応用されています。

ブールはこの画期的な著作の中で，自分の目標は「世界と私たち自身に関して単に知覚的な知識を超えて，努力の末獲得したか熟慮を加えた，これらの思考の高度な性質の秘密の法則と関係を解き明かす」ことであるとも書いています。イギリス学士院会員の数学者オーガスタス・ド・モルガン（1806～1871）は数学的帰納法という言葉をつくった人ですが，その死後に出版された『さまざまなパラドックス』の中で，ブールの著作を次のようにたたえました。「ブールの論理体系は，天才と忍耐が組み合わさった数多くの証拠のひとつにすぎない。……数値計算の道具として発明された代数の記号操作があらゆる思考行為を表現する力をもち，論理のすべてを包含する体系の文法と辞書を提供するであろうことは，それが証明されるまで信じられないだろう」

ブールの死から約70年経って，アメリカの数学者クロード・E・シャノン（1916～2001）はまだ学生だったときにブール代数を紹介され，電話回線切替システムの設計を最適化するためにどのようにブール代数を使えばよいかを示しました。シャノンはリレー回路でブール代数の問題を解くことができることも実証しました。つまりブールは，シャノンの助けを得て私たちのデジタル時代の基礎の一つを与えてくれたのです。

参照：アリストテレスの『オルガノン』（紀元前350年頃），アバカス（紀元前190年頃），ファジイ論理（1965年）

ブール代数を考えているとき，ジョージ・ブールは「推論を行う知性の操作に関する基本法則を研究すること」が自分の目的の一つだと述べました。

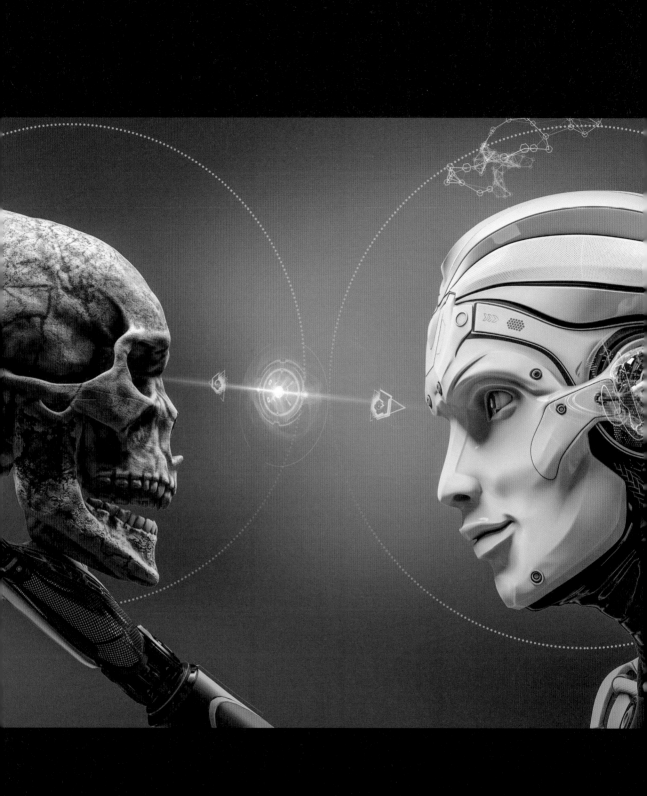

『機械の中のダーウィン』

イギリスの作家で博学者のサミュエル・バトラー（1835 ～ 1902）は，将来のAIの可能性について早期の洞察を示し，自己を改良する機械の超知性とその潜在的リスクなどに関する概念を予見していました。1863年の驚くべき随筆『機械の中のダーウィン』で，バトラーは「機械生命」の未来について論じています。「私たちは自分自身の後継者をつくっているのだ。私たちは日々，機械の物理的組織に美しさと精巧さを加えている。私たちは日々，より大きな力を機械に与えるとともに，人類の知性に相当する機械の自己調整や自律動作の能力を，あらゆる巧妙な工夫を通して提供している。やがて時が経てば，自分たちが機械より劣った種になっていることに気づくだろう」

バトラーは驚くべき洞察力で，機械が人間の営みを徐々に奪う様を見透かしています。「私たちはますます機械に隷属しつつある。より多くの男が機械の世話をするために，毎日奴隷のように機械に縛りつけられている。全人生のエネルギーを，機械的生命の発展のために捧げている。……やがて機械が世界とその住人に対して，真の覇権を握るときが来るだろう」

バトラーは『機械の書』（1872年）の中で，軟体動物に意識があるとは思えないが，人間の意識は進化したと述べています。機械も人間と同様に意識を発展させるでしょう。バトラーは私たちに次のように述べています。「機械が過去数百年間に遂げた驚異的な進化を振り返り，動植物の王国がどれほどゆっくり進歩しているかに注意せよ。より高度に組織された機械は，最後の瞬間に昨日までの機械とは別ものになるのだ」

バトラーの考えは，20世紀になって，サイバネティックスの父ノーバート・ウィーナー（1894 ～ 1964）の文章にも影響を及ぼしています。「みずから学習し，経験によって行動を修正する機械をつくる方向を目指すなら，機械に独立性を与えるほど機械が私たちの期待に背くことになるに違いない。瓶の外に出た魔神は自分から瓶に戻ることもなく，私たちにうまく処分されるのを望む理由ももたないのだ」

21世紀の技術が人間の生活のあらゆる面に浸透した今，バトラーとウィーナーのAIに対する考察は，あたかも予言のように思われます。

参照: ホッブズの『リヴァイアサン』（1651年），『人間機械論』（1950年），知能爆発（1965年），AI密閉容器（1993年），ペーパークリップ大増殖（2003年）

『機械の中のダーウィン』でサミュエル・バトラーは「私たちは自分自身の後継者をつくっているのだ。……やがて時が経てば，自分たちが機械より劣った種になっていることに気づくだろう」と述べています。

Price, 10 Cts.

American Novels

No. 45 No. 45

The Steam Man of the Prairies

FOR SALE BY

"The American News Co.,"

119 & 121 Nassau Street, N.Y.

『大平原のスチームマン』

アメリカの「ダイムノベル（安価な大衆小説）」に描かれた最初期の機械人間は，オハイオ生まれの作家エドワード・S・エリス（1840 ～ 1916）の『大平原のスチームマン』に登場します。この小説は1868年から1904年にかけて何度も再販されました。エリスの小説では，ジョニー・ブレイナードという十代の発明家が身長3mのロボットをつくり，アメリカ中西部を巡ります。ロボットのスチームマンはシルクハットをかぶり，荷馬車を引き，入念につくられた足を使って最高時速100kmで走ったり歩いたりします。ジョニーと友達とスチームマンは大平原で冒険を続け，バッファローを追い，インディアンを驚かせ，金鉱掘りの手伝いをします。

エリスはスチームマンのことを「非常に太っていて，まん丸に膨らみ，結局その長身とはほとんど釣り合いがとれていなかった」と描写しています。ロボットはすべての機械を詰め込む十分なスペースが必要なので太っていたのです。さらに，「顔は鉄でできていて……恐ろしい二つの目と，歯を見せてにやりと笑う大きな口がついていた。……歩みは自然だが，走るときは例外で，身体のボルト

が直立して人間とは違う姿を現した」と続けています。

スチームマンは，1868年にアメリカの発明家ザドック・P・デドリックとアイザック・グラスが特許を取った，実際の蒸気式人間型ロボットに触発されています。エリスの魅力的な大衆小説のシリーズは，多くの場合，創意工夫で危機を脱出する少年発明家が主人公となる「エジソナード」というジャンルの初期の例でもあります。歴史家のアンドリュー・リプタクは次のように述べました。「エリスはアメリカのフロンティアの冒険を描く中で，未開の辺境に暮らす人々の生活を調べ回っていた。その辺境は現代の小説が描くところの太陽系から遠く離れた場所にそっくりだ。……エリスの作品は当時の考え方をのぞき見るのにうってつけの窓である。当時の人々が未来をどのように見ていて，世界が当時からどれほど大きく変わったかについて，前後のつながりを教えてくれる」

参照：『エレクトリック・ボブの大きな黒ダチョウ』（1893年），
チクタク（1907年），
電動人間エレクトロ（1939年）

◀エドワード・S・エリス著『大平原のスチームマン』の表紙

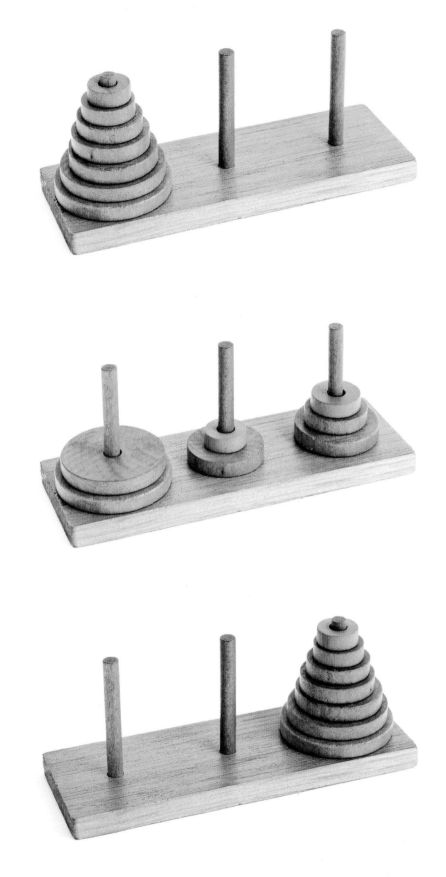

ハノイの塔

ハノイの塔はフランスの数学者エドゥアール・リュカ（1842〜1891）によって1883年に発明され，玩具として売り出されて以来，世界を魅了してきました。この数学パズルは三本の杭のいずれかに差し込む，大きさの異なる何枚かの円盤で構成されています。円盤は最初一つの杭に大きさ順に積まれていて，一番小さい円盤が一番上にあります。ゲームをするとき，どこかの杭に積まれた一番上の円盤を，一度に一枚別の杭の一番上に移すことができます。ただし，円盤はそれより小さな円盤の上に積むことはできません。目標は，最初に積まれていた円盤（通常7枚か8枚）をすべて別の杭に移すことです。円盤の枚数をnとすると，最小の移動回数は2^n-1となることがわかっています。

このゲームは，もともとバラモン教の僧侶が64枚の黄金の円盤をハノイの塔と同じルールに従って絶えず動かし続けているという，あるインド寺院の伝説からヒントを得たものと言われています。伝説によれば，パズルの最後の1手が完了したとき世界は終わるそうです。僧侶が1秒に1枚の割合で円盤を動かせるとすれば，$2^{64}-1$回，すなわち18,446,744,073,709,551,615回の移動が必要であり，およそ5850億年かかります。それは，宇宙の現在の推定年齢の約42倍になります。ハノイの塔のパズルとその多くのバリエーションは，さまざまなロボット工学の課題に使われてきました。このパズルが，ロボットの高度な推論能力と認知，操作の組み合わせを評価する便利な標準テストになるからです。この課題で重要な役割を果たすのは（一本以上のロボットアームを含む）作業計画と動作計画です。

杭が三本の場合，解を得るための簡単なアルゴリズムが存在するので，コンピュータープログラミングの授業で再帰的アルゴリズムを教えるためにこのゲームがよく使われます。しかし，たくさんの杭を含むハノイの塔の問題（とその類題）では最適解が不明な場合も少なくありません。複数のアームをもつロボットの場合は，衝突しない軌道を計算する必要もあります。

参照：三目並べ（紀元前1300年頃），
機械仕掛けのトルコ人（1770年），
コネクトフォー（1988年），
ルービックキューブロボット（2018年）

◀ハノイの塔のゲーム　一人のプレーヤーが，どこかの杭に積まれた一番上の円盤を，一度に一枚，別の杭の一番上に移すことができます。ただし，円盤はそれより小さな円盤の上に積むことはできません。

No. 55. STREET & SMITH, Publishers. NEW YORK. 31 Rose St., N. Y. P. O. Box 2734. 5 Cen

Electric Bob's Big Black Ostrich

Or, LOST ON THE DESERT.

By the Author of "ELECTRIC BOB."

BANG! BANG! BANG! EVERY REPORT FROM ELECTRIC BOB'S MACHINE GUN WAS FOLLOWED BY A YELL OR A SPLASH FROM THE ENEMY.

『エレクトリック・ボブの大きな黒ダチョウ』

ロバート・T・トゥームズの『エレクトリック・ボブ』シリーズの物語は、『大平原のスチームマン』シリーズと並んで、19世紀末のアメリカにおける人間や動物に似た機械装置に対して高まった熱狂を示している点で注目に値します。『エレクトリック・ボブの大きな黒ダチョウ』(1893年)の話の中で、エレクトリック・ボブはニューヨーク近郊で暮らす10歳の天才技術者であり、電信の発明者サミュエル・モース(1791～1872)の子孫という設定です。ボブは、電気ダチョウのほか、巨大な機械式白ワニなど輸送用の機械式動物の発明者でもあります。それらのさまざまなロボットは通常、装備品といっしょに良好に保管されており、装甲を備え、厳しい環境の中を移動できるのです。

物語の中で、エレクトリック・ボブは、大きな電気ダチョウならアメリカ南西部の岩だらけの砂漠を蛇を避けながら、自分と友達を運べるかもしれないと考えます。ボブは本物のダチョウを使って、生体構造と生理機能を注意深く研究し、完璧な乗り物を設計します。「ダチョウのその大きな頭は空中高く9mまでそそり立っていた。身体の中心は地面から6mのところにあり、首の長さは2.4mほど

だった。……動力は鳥の太ももの間の体内に置かれた強力な蓄電池から供給され、地面の状態に応じて時速30kmから60km程度で移動できる」

この小説は読者に技術の詳細を説明している点でも注目に値します。たとえば、中空の鉄の脚や防弾性能を備えたアルミニウムの翼や尾など、この機械鳥のさまざまな材料や部品をすべて分解しているのです。ボブは続けます。「ここにあるのは水タンク、食料置場、弾薬とかで、これは僕たちの機関銃だ……ウィンチェスターライフルの25連カートリッジを装填する大型リボルバーと、短くて重い銃身でできていて、このクランクを回して発射する」

このような空想的な記述は機械仕掛けの生命体の創造を巡る哲学的問題に正面から取り組むものではありません。しかし、エジソナードと呼ばれるこうしたSF小説はあらゆる偏見、希望、憧れといっしょに当時の考え方を垣間見せてくれるのです。

参照: ボーカンソンのアヒル(1738年)、
『大平原のスチームマン』(1868年)、
チクタク(1907年)

◀『エレクトリック・ボブの大きな黒ダチョウ』(1893年)の挿絵　ニューヨークの5セントライブラリーに収められたロバート・T・トゥームズの小説

No. 613,809.

Patented Nov. 8, 1898.

N. TESLA.

METHOD OF AND APPARATUS FOR CONTROLLING MECHANISM OF MOVING VESSELS OR VEHICLES.

(No Model.)

5 Sheets—Sheet 1.

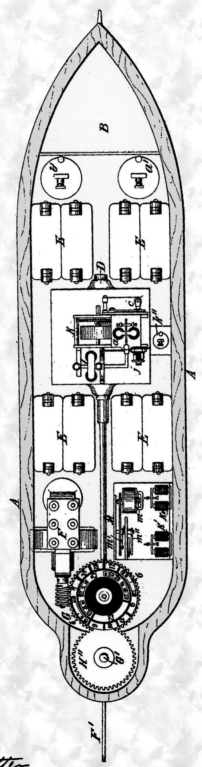

Fig.1

テスラの「借りものの心」

　セルビア系アメリカ人の発明家ニコラ・テスラ（1856 ～ 1943）は，1898年にラジコン船を使った注目すべき実証実験を行いました。驚く観衆の前で巧みな操縦を見せたので，これを魔術，テレパシー，あるいは船の中に訓練されたサルがいるのかもしれない，と考えた人もいました。この世界初のラジコン船のことを知った *The New York Times* 紙の記者は，テスラの発明がダイナマイトを運ぶ武器として使えることを指摘しました。しかしテスラは無線魚雷にこだわらず，これが人類の苦役を請け負うであろう初の自動装置の種族（ロボットという言葉はまだ使われていなかった）であることを理解するよう記者に説明します。

　テスラは1900年の『増大する人間エネルギーの問題』というエッセイで，この水に浮かぶ自動装置について次のように書きました。「離れたところにいる操縦者の，知識，経験，判断といったもの——いわば心——が機械の中で実体化され，理性と知性をもって，そのすべての操作を動作実行できる。……これまでにつくられた自動装置たちはいわば"借りものの心"をもち，それぞれは離れた操縦者の一部分を形成しているにすぎない」

　テスラはさらに踏み込んで指摘します。「"自分の心"をもち，どの操縦者からも独立し，自分自身にすべてが任され，その感覚器官に伝わる外的影響に応じて行動し，まるで知能があるかのように多種多様な行為と操作ができる自動機械が考案されるかもしれない」

　テスラはしばしば現代の技術時代の偉大な予言者だとみなされています。今やナディーンとソフィアのような，真に迫ったアンドロイド（人間型ロボット）が，その会話を続ける能力によって観衆をまごつかせているのです。実際，テスラは人間を外的刺激や思考に反応する単なる自動機械にすぎない，と考えていました。テスラの壮大なアイデアの中には自動人形の構築もありました。「それは私を機械的に表現したもので，もちろんずっと原始的な方法ではあるが，私と同じように外的影響に反応する。そうした自動人形は当然，動力源，運動器官，命令器官，および外部の刺激に興奮するように適合した一つもしくは複数の感覚器官を備えていなければならない。……自動人形が，知的生物と同じように必要な機能をすべて果たせるのであれば，それが肉と骨でできていようが，木と鉄でできていようが大きな問題ではない」

参照：軍事用ロボット（1942年），
　　　『人間機械論』（1950年），自動運転車（1984年）

◀**ニコラ・テスラの無線操縦ロボット船に関する1898年の特許**　バッテリー，モーター駆動スクリュー，舵，ライトからなっています。テスラは将来，知的な「遠隔自動人形」がつくられて，社会に革命を起こすと信じていました。

71

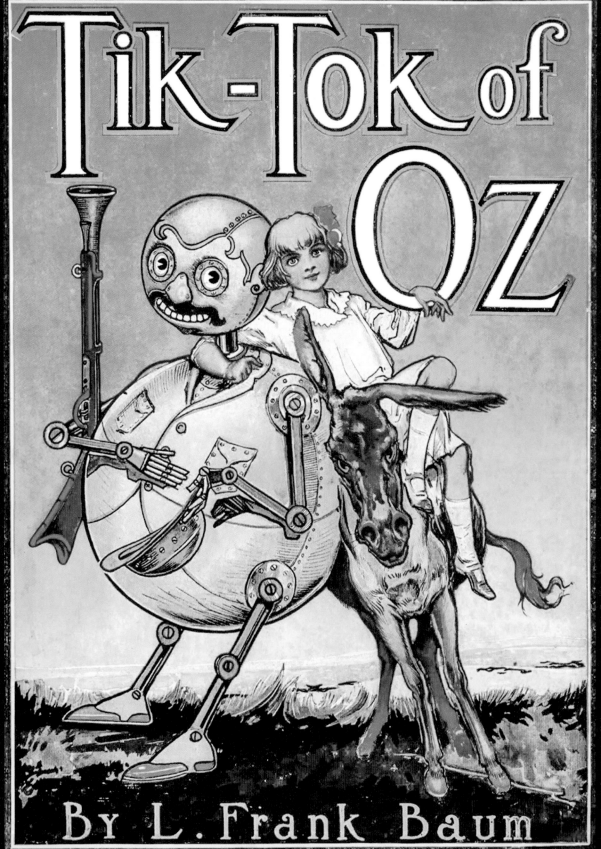

Tik-Tok of Oz

Oz

By L. Frank Baum

チクタク

人工知能を研究する場合、「私たちはただちに、生、死、性、仕事といったものの本質と心の機構に対するもっとも根源的な疑問にぶつかる」と作家のポール・アブラームとスチュアート・ケンターは書いています。「それは文学、哲学、そして数々の目を見張るような科学技術分野への巡礼を尽くすことが求められる難問なのだ」。さて、文学における最初期の考える機械として、機械と人間を隔てる紙一重の差異に疑問を呈したのがチクタクです。この知的な銅製ロボットは、1907年、アメリカの作家L・フランク・ボーム（1856～1919）の小説『オズのチクタク』に登場しました。この時計仕掛けのロボットを動かすためには、ロボットが思考、行動、会話するためのそれぞれ三つのゼンマイを誰かが定期的に巻かなければなりませんでした。たとえば思考ができても、行動や会話ができなければ孤立した「箱の中のAI」をつくることになりかねません。あるいは会話ができても、思考ができなければ粗野な声が出るだけで、適切な自然言語処理機能を備えていることにはならないのです。三つ全部がそろってもチクタクの言語生成モジュールには不自然さがつきまといました。チクタクの単調な声と多くの質問や命令に対する融通の利かない解釈に、そのことが表れています。ボームによれば、チクタクは「生きていること以外は何でもする」のですが、感情がありません。むち打ちで罰せられてもチクタクは傷つきません。むちはその銅の身体を「きれいに磨く」だけなのです。

チクタクは世界における自分の立場をわきまえています。たとえば自分のした親切を感謝されると、チクタクは「私はただの機械です。喜んだり悲しんだりできないのと同様、親切な気持ちにもなれないのです」と答えます。子供向けの小説に見えますが、AIの将来を考えさせます。感情の有無が人間と機械の一番の違いなのでしょうか？　AIの構想や私たちが考える機械に課すべき制限について、文学や映画はどの程度まで言い得ているのでしょう？

「サイボーグ、ロボット、その他の機械的存在は一世紀にわたる科学技術への恐怖と熱狂の想いを理解するための重要な要素だ」とアレックス・グッディ教授は書いています。「技術が（人間の体に）侵食してくることに対する恐怖を体現し、技術が（人間としての限界を）超越する可能性を示し、個々に差別化された人間の主体というものに関する考え方に挑戦するのである」

参照: ランスロットと銅の騎士（1220年頃）、
『大平原のスチームマン』（1868年）、
アシモフのロボット工学三原則（1942年）、
自然言語処理（1954年）、AI密閉容器（1993年）

◀L・フランク・ボーム著『オズのチクタク』（1914年）の表紙　ジョン・R・ネイル（1877～1943）画

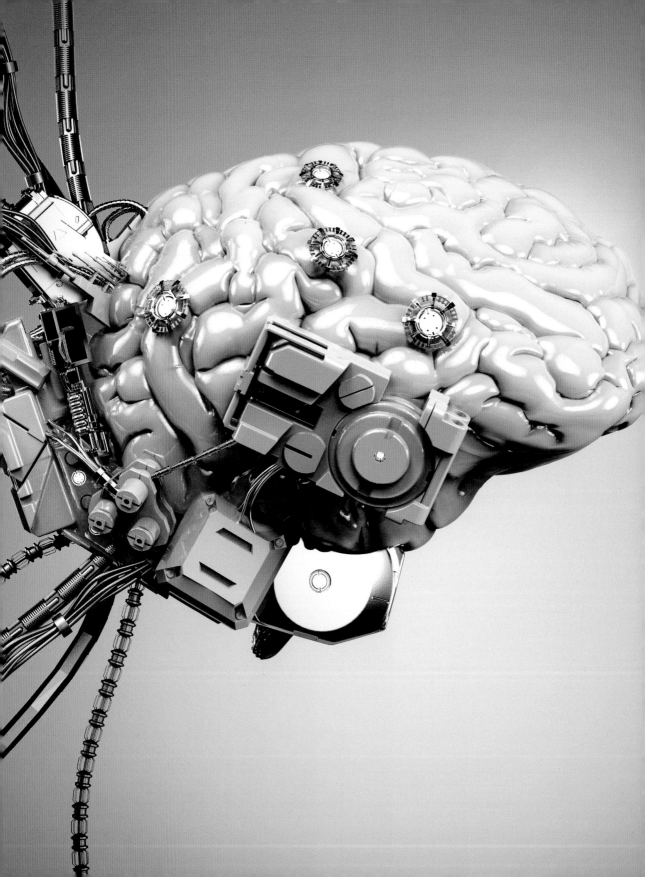

魂 の 探 索

コンピューター科学者のアラン・チューリング（1912 ～ 1954）は，1950年の論文『計算する機械と知性』の中で次のように書いています。「私たちがAI装置をつくろうとしたところで，全能の神の"魂をつくる力"を"身の程知らずにも侵した"ことにはならない。子供を産んだからといって神を冒涜することにならないのと同じである。むしろどちらの場合でも，私たちは神の意思の道具であり，神が創った魂に邸宅を提供しているのだ」。未来学者のなかには，脳の構造をもっと調べることで心を真似るか，心の様相をコンピューターに転送することで意識をもつAIをつくれるかもしれない，と考える人もいます。こうした推測は，心が脳の活動から生まれるという唯物史観を前提としています。一方，フランスの哲学者ルネ・デカルト（1596 ～ 1650）は17世紀半ばに，心，つまり「魂」は脳とは別に存在すると考えていました。彼の見解では，この「魂」は松果体のような器官を介して脳に接続されており，脳と心の間の扉の役目を果たすのです。

魂と物質の分離に関するさまざまな見解は心身二元論の哲学を象徴しています。1907年，アメリカの医師ダンカン・マクドゥーガル（1866 ～ 1920）は心身二元論を実証しようとして，死にかけの結核患者を秤に載せました。マクドゥーガルは，死の瞬間に魂が遊離して体重が減ることが秤で測れるはずだと考えたのです。実験の結果，マクドゥーガルが測った魂は21ｇでした。しかし残念ながら，マクドゥーガルもほかの研究者もこの知見を再現することはできませんでした。

心と身体に関するより唯物論的な見方は，私たちの思考，記憶，人格が，脳の各領域の損傷によって変わりうることを示す実験と，感情と思考の両方をマッピングできる脳画像の研究によって裏づけられるでしょう。一つだけ面白い例を挙げます。脳の右前頭葉を損傷すると，高級レストランやグルメ食品に対する熱烈な興味を突然引き起こすグルマン症候群という症状が出ることがあります。もちろん心身二元論者のデカルトなら，心は脳を介して機能するので脳が損傷したら行動も変わるのだ，と反論したかもしれません。たとえば，車のハンドルを取り外したら車の挙動は変わりますが，だからといって運転手がいないとは言えないのです。

参照：意識の工場（1714年），
　　　トランスヒューマニズム（1957年），
　　　シミュレーション仮説（1967年），
　　　スピルバーグの『A. I.』（2001年）

アラン・チューリングは，「人間が全能の神の"魂をつくる力"を"身の程知らずにも侵した"ことにはならない。子供を産んだからといって，神を侵すことにならないのと同じである」と述べました。

Fig.1

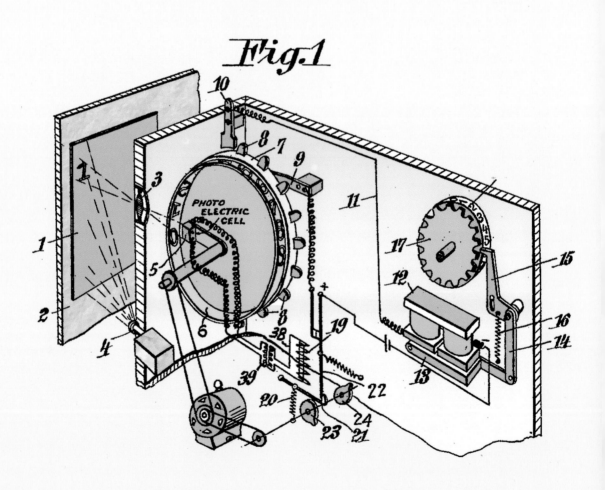

光学文字認識（OCR）

第二代アメリカ大統領ジョン・アダムスはしばしば，「ほとんどの人が他人よりうまくできる唯一のことは，自分の手書き文字を読むことだ」と言ったことで知られています。実際，アルファベットの活字を読むことができる自動化システムの探求には長い歴史があります。光学文字認識，すなわちOCRは，コンピュータービジョン，人工知能，パターン認識といった，複数の研究開発分野を巻き込んできました。OCRは，さまざまな文字（手書き，印刷，タイプなど）の画像を機械の文字コードに変換するものです。たとえば郵便封筒，ナンバープレート，本のページ，道路標識，パスポートなどに書かれた文字を機械でスキャンして認識します。視覚障害者のためにOCRで文字を音声に変える場合もあります。

OCR分野の初期の発明家にロシア生まれの科学者エマヌエル・ゴルトベルク（1881〜1970）がいます。1931年，光電素子とパターン認識を使ってマイクロフィルム文書の情報を検索する文書検索装置の特許を取得しました。それより早く1913年頃には，アイルランドの医師エドモンド・フルニエ・ダルベ（1868〜1933）がオプトフォンを発明しています。光センサーを使って文字をスキャンし，文字に対応した音を生成して盲目の読者を助けたのです。1974年には，アメリカの発明家レイ・カーツワイル（1948〜）が，さまざまな異なるフォントの文字をスキャンして音声出力できる盲人用読書機をつくりました。

OCRでは，必要に応じた数学的角度補正，ノイズ除去，輪郭の平滑化といった興味深い処理工程がたびたび必要になります。また，文字を認識するために，保存してある文字との比較や特定の図形的性質（ループや線など）の検討を行います。

OCRと密接に関連する分野として，手書き文字認識（HWR）があります。これには筆記中の単語を認識する際，ペンの動きを観察，分析することも含まれます。HWRは通常OCRを利用しますが，与えられた文脈の中でもっとも妥当な単語を特定して精度を高める場合もあります。人工ニューラルネットワークも，OCRやHWRの補助に利用できます。

参照：人工ニューラルネットワーク（1943年），
音声認識（1952年），機械学習（1959年）

◀読書機械　米国特許2,026,329号の，オーストリアの技術者グスタフ・タウシェック（1899〜1945）によるもの。比較装置（ディスク6）が文字を切り出します。文字の画像と文字型の穴が一致すると，適切な文字が印字されます。

FEDERAL USA WORK WPA THEATRE
MARIONETTE THEATRE
presents
RUR
REMO BUFANO DIRECTOR

『ロボット（R. U. R.）』

チェコの評論家で劇作家のカレル・チャペック（1890～1938）が書いた1920年の戯曲『ロボット（R. U. R.）』によって，ロボットという単語が英語に加わりました。

この戯曲ではロボットは人間と同じ肉体をもち，大樽の中で組み立てられます。ロボットは人間が余暇時間をたっぷり楽しめるように，工場労働者として，つまり基本的に安価な装置として人間に仕えます。しかし，ロボットの権利と人間性についての論争が巻き起こります。主人公の一人であるヘレナはロボットの解放を望みます。残念なことに，世界中で使われていたロボットがやがて人類を皆殺しにします。しかしロボットは自分自身を複製する秘策をもたず，結局，自分たちも絶滅するのです。劇の終わりで，この星の未来のアダムとイブを象徴するかのように，特別な二体のロボットが恋に落ちます。

ロボットという言葉はチェコ語のロボタに由来するもので，強制労働を意味します。この戯曲は，仕事や人間性喪失が社会に及ぼしうる影響の面だけでなく，人類の基本的な安全の面でも絶え間なく進化するAI技術の意味を人々に考えさせた点で画期的です。私たちは人間と考える機械との境界線をどこに引くのでしょう？　こうした機械が権利を主張し，脅威となるほど進化するのはいつのことでしょうか？　作家のレベッカ・ステフォフによれば『ロボット（R. U. R.）』は，「人間性の形容しがたい輝きは，人間がどのようにつくられているかではなく，人間がどのように感じ行動するかにかかっている」ことを示唆しているのです。

オックスフォード大学で情報哲学と情報倫理学の教鞭をとるルチアーノ・フロリディ教授は「哲学的な含蓄に富み矛盾に満ちた『ロボット（R. U. R.）』は，登場当初から傑作として広く認められ，技術的ディストピア文学の古典となった」と書いています。劇中のアイデアがとても強烈だったので，この戯曲は1923年までに，30を超える言語に翻訳されました。アメリカ初演は1922年のニューヨーク市で，100回以上公演されました。

参照：『メトロポリス』（1927年），
『人間機械論』（1950年），知能爆発（1965年），
AI密閉容器（1993年）

◀ニューヨークで1939年に公演された『ロボット（R. U. R.）』のポスター　監督は操り人形師レモ・バッファーノ。ニューディール政策の一環として大恐慌時代のアメリカで芸術を支援した，連邦劇場プロジェクト（1935～1939）の助成金を受けました。

『メトロポリス』

サイレント映画『メトロポリス』(1927年)は，フリッツ・ラング(1890〜1976)が監督，テア・フォン・ハルボウ(1888〜1954)が脚本を担当しました。映画の中で，発明家C・A・ロトワングは，「自分がつくったロボットは，疲れもせず，間違いも犯さず，さらに，この未来の労働者は人間と区別できなくなるだろう」と説明します。未来都市という設定の中で人類は，都市を支配する余暇階級と，地下で巨大な機械を動かす重労働に従事する下層階級に分断されています。

ヒロインのマリアは労働者とその苦しい生活を案じる若い女性です。目もくらむような映像が展開される中でロトワングはマリアそっくりのロボットをつくり，労働者からの彼女の評判を落とし，反乱を阻止しようと企てます。実際に偽のマリアは労働者に反乱を促しますが，後に捕まって火あぶりにされてしまいます。炎の中で人間のような外観が溶け，中から金属的な外観をしたロボットが現れます。

この映画は「脳(余暇階級)と筋肉(労働者階級)の間を取りもつのは心でなければならない」ということを訴えることで，人間とAIの本質的な違いを探っているのです。『メトロポリス』の多大な影響を検討した未来学者のトマス・ロンバードは次のように書いています。「このロボットは実際，SFの世界で人間と機械の象徴的な合成体として現れる。人間は機械のようになり，自身の技術的創造物の中に取り込まれ，同様に機械は人間のようになり，人間の最悪の資質と性格を体現する。……私たちの科学技術に対する恐怖と私たちがどうなるのかという恐怖を，擬人化しているのである」

『メトロポリス』のテーマは，人造人間が登場する『ブレードランナー』(1982年)のような一部に根強いファンをもつ最近のSF映画にも反映されています。もちろん技術への過度な依存やAI時代における労働の将来は，昨今の議論で注目を集めている話題です。『メトロポリス』はAIという存在がますます人間と混同されるようになる中で，今後も意義をもち続けるでしょう。AIが信用や尊敬に値する人物になりすます能力をもち，あるいは私たちが恋に落ちる「模造品」になるまで進化したとき，その影響は甚大でしょう。

参照:『ロボット(R. U. R.)』(1920年)，
　　　チューリングテスト(1950年)，
　　　AI倫理学(1976年)，
　　　『ブレードランナー』(1982年)

◀**映画『メトロポリス』に登場するマリア**　ペンシルベニア州ピッツバーグのカーネギー科学センターにあるロボットの殿堂に展示されています。

電動人間エレクトロ

エレクトロを本書で取り上げたのは，彼が世界初の「有名ロボット」であり，「アメリカに現存する一番古いロボット」だからです。

エレクトロはウェスティングハウス・エレクトリック社によってつくられ，1939年のニューヨーク万博で展示されて大人気を博しました。身長2.1mの人間型ロボットは音声指示に応答して移動でき，数百の単語を話せて，煙草さえ吸ったのです。光電素子の目は赤と緑の光を区別できました。1940年にはスパーコという，吠えたり動いたりできるロボット犬がエレクトロの仲間に加わりました。万博を訪れた数えきれないほどの観客が20分間のパフォーマンスを見るために列をなしました。

エレクトロがいろいろできるのはロボットの衣装の中に人間が隠れているからだと誤解する人が多いことに気づいた設計者は，エレクトロの身体にわざと穴を開けてそうではないことを示しました。実際にエレクトロは頭，口，腕を動かすカムシャフト，歯車とモーターでできていたのです。技術者のジョゼフ・バーネットがエレクトロを発明し，リリースイッチでつながった数台のSPレコードプレーヤーで700語の語彙を生成しました。エレクトロは「私の脳はあなたの脳より大きい」などと言うことができ，自分に聞こえた単語や音節の数にもとづいて会話に反応しました。たとえば単語が三つなら（それがどんな内容でも），エレクトロの動作を止めるリレーが起動したのです。残念なことに，エレクトロとスパーコはあまり遠くまで歩き回ることができませんでした。足の辺りにつながった電線を通して近くにいる操縦者に制御されていたからです。

エレクトロは何年にもわたって多くの子供に刺激を与え，技術者への道を歩ませることになります。1960年にはコメディ映画『セクシーガールズ，大学へ行く』にも出演しましたが，その後すぐに解体されて，その頭はウェスティングハウスの従業員に退職祝いとして贈られました。2004年になってエレクトロのさまざまな部品が再発見され，ようやく組み立てなおされたのでした。

参照: ダ・ヴィンチのロボット騎士（1495年頃），
『大平原のスチームマン』（1868年），
ロボットシェーキー（1966年），
ASIMOと仲間たち（2000年）

◀ 電動人間エレクトロ　1939年〜1940年のニューヨーク万博のウェスティングハウスの展示から

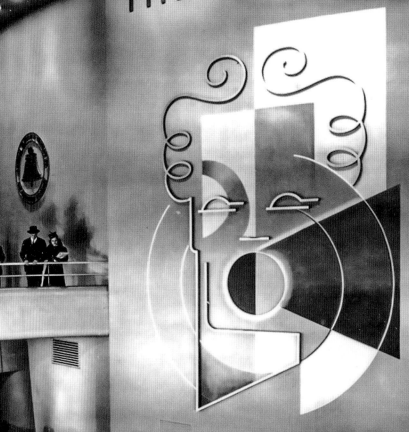

THE VODER

音声合成

宇宙物理学者スティーブン・ホーキング（1942～2018）の合成音声を聞いた人は多いでしょう。ホーキングは運動ニューロン疾患のせいで普通に話せなくなったあと，長年，自分の声の替わりにロボットのような声の音声合成を使って話したのです。実際，文字を音声に変換するコンピューターシステムの能力は，さまざまな実用的な目的に使われてきました。たとえば，視覚障害者，幼い子供，あるいはさまざまな理由で識字が困難な人のために文字を読み上げます。合成音声は，各種デジタル携帯情報端末をつないだコンピューターシステムに，人間の知能と意思疎通能力があるような印象をもたせることもできます。今やニューラルネットを使った新しい手法を使えば，特定の人に固有な自然音声を真似ることもできます。ということは，誰か信頼する人（仕事相手，両親，子供など）の声が，本人によって発せられたのかどうかを知るのがどんどん難しくなっていく世界に私たちは生きていることになります。誰かが他人の声を"盗んで"好きなことを話させることができたら，どういうことになるでしょうか？

音声合成システムはさまざまな手段で実現されてきました。たとえば，技術者はデジタル化した音声のユニットを保存し，再生時にそれを連結したり，フォルマント合成と呼ばれる方法で音響信号の特定の周波数成分（フォルマント）を利用したりできるのです。調音合成では人間の声道モデルをシミュレーションします。もちろん，しゃべる時計，車，玩具，計算機といった簡単なシステムでは，再生のために事前に用意する単語は少しで構いません。

文字を自然でわかりやすい音声に変換するには多くの課題があります。たとえば，英語のtear, bass, read, project, desertといった単語のさまざまな発音を考えてみましょう。これらの単語は話の文脈によって発音が変わるのです。

合成音声の歴史における初期の画期的成果の一つは，技術者ホーマー・ダドリー（1896～1980）の仕事です。ダドリーはボコーダー（ボイス・エンコーダー）を発明し，さまざまな電子的フィルターを使って電子的に音声をつくることができました。またVODER（音声操作実演機）では，オペレーターが会話を操れる操作盤を用いました。後者は人間の声道の影響をシミュレーションし，1939年のニューヨーク万博で展示されました。

参照：音声認識（1952年），自然言語処理（1954年），AI倫理学（1976年）

◀ **VODER**　VODERは人間の声道の影響をシミュレーションし，1939年のニューヨーク万博の観客を魅了しました。VODERはコンソールを使用して操作者が音声をつくることができました。

ISAAC ASIMOV'S SCIENCE FICTION MAGAZINE ™ SPRING 1977 $1.00

192 PAGES

SPRING 1977
$1.00

FIRST ISSUE

Isaac Asimov's

SCIENCE FICTION MAGAZINE ™

K 48141 55p

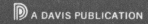 A DAVIS PUBLICATION

アシモフのロボット工学三原則

この先数十年，AIやロボットが発達する中で，そうした存在が人間に危害を加えないことを保証するには，どんな制約や法律を設ける必要があるでしょうか？　作家で教育者のアイザック・アシモフ（1920 ～ 1992）は1942年，利口なロボットが人々と交流する様子を描いた『堂々巡り』という短編の中で有名な"ロボット工学三原則"を発表しました。この三原則とは次のとおりです。第一条：ロボットは人間に危害を加えてはならない。また，その危険を看過することで人間に危害を及ぼしてはならない，第二条：ロボットは人間に与えられた命令に服従しなければならない。ただし，命令が第一条に反する場合は，この限りでない，第三条：ロボットは前掲第一条および第二条に反するおそれのない限り，自己を守らなければならない。アシモフは，この簡潔な三原則が思いもよらぬ結果をもたらす可能性を描いた，数々の物語を書き続けました。

アシモフは後に原則を一つ追加しました。「ロボットは"人類"に危害を加えてはならない。また，その危険を看過することで，"人類"に危害を及ぼしてはならない」。これらの原則はSF作家だけでなくAIの専門家にも影響を及ぼしました。AI研究者のマービン・ミンスキー（1927 ～ 2016）は，アシモフの三原則を知って次のように記しています。「私は心がどう働くか考え続けた。いつか自分で考えるロボットができるのは間違いない。しかし，ロボットは何をどう考えるのか？　確かに論理で成功する場合もあるだろうが，失敗する場合もある。それに，常識，直感，意識，感情をもつロボットをどうつくるのだろう？　さらに言えば，自分たちの脳はそれらをどうこなしているのだろうか？」

三原則は無数の疑問を呼び起こすという点で，注目に値する有用なものです。アシモフの三原則に付け加えるべき原則は何でしょう？ロボットは決して人間のふりをしてはいけないのでしょうか？　ロボットは自分がロボットであることを"知る"べきでしょうか？　ロボットはいつでも自分がとった行動を説明できるのでしょうか？　テロリストが人々に危害を加えるために複数のロボットを使った場合，各ロボットが全体計画を知らなければ第一原則を犯していないと言えるでしょうか？　また，複数の負傷兵の面倒を見られず，ロボットの軍医がトリアージの順位をつけざるを得ない場合や，あるいは自動運転車が遊んでいる子供たちに突っ込むか，崖から落ちて乗員を殺すかの判断を迫られた場合に対して，三原則がどう影響するかも検討すべきでしょう。最後に，"人類に危害を加える"ことの相互作用がその先何年にもわたって影響しかねない場合，ロボットは"人類に危害を加える"という意味を本当に判断できるでしょうか？

参照：軍事用ロボット（1942年），AI倫理学（1976年），『ブレードランナー』（1982年），自動運転車（1984年）

◀ "ロボット工学三原則"で有名な作家アイザック・アシモフ　自身が発行するSF雑誌の1977年の表紙。この中の『考える！』という短編で人工知能に関する考えをさらに発展させています。

軍事用ロボット

戦争でロボットが1900年代に使われた事例はたくさんあります。たとえばドイツ軍は，第二次世界大戦中の1942年初めから，ゴリアテという戦車型ロボットを国防軍のすべての前線で使いました。無人のゴリアテは接続ケーブルを使って遠隔操縦され，高性能爆弾を運んで狙った目標のそばで爆発させることができました。

今日，ドローン（無人飛行機）はミサイルを搭載でき，効果的な兵器システムとして使われていますが，通常は目標の破壊を"許可"される前に遠隔地の人間による入力操作と承認が必要です。歴史的に有名なのは"MQ-1プレデター"ドローンで，2001年にドローンからの史上初の破壊的な空爆をアフガニスタンで行いました。人間の介在なしに軍事目標を実際に選択して攻撃しうる自律的な殺人兵器の，将来的な使用可能性に関する論争も続いています。今では，飛んでくるミサイルを自律的に識別して攻撃できる装置のような，自動防御システムも存在します。

軍事用ロボットの利点はいろいろ考えられます。ロボットは疲れや恐怖を見せません。人間のパイロットを負傷させる作戦を速やかに実行できます。一方，兵士の命を救い，巻き添え被害や民間人の死傷者を減らせる可能性もあります。機械は原則として，目標が民間人なのか戦闘員なのかあるいは殺人兵器が許可されているのかどうかはっきりしない場合は発砲しない，といったさまざまな規則に従うよう指示されるでしょう。民間人が傷つく可能性はおそらく軍事目標の規模に応じてプログラムされ，制限されるでしょう。精度を高める顔認識ソフトウェアも使えるはずです。軍事用ロボットは兵士とともに働き，兵士の能力を高めるでしょう。ソフトウェアやロボット工学が今日，外科手術の補助として使われるようなものです。しかし，そのような戦闘機械にどこまで主体性を与えるべきでしょうか？　ロボットが間違えて学校を攻撃したら，誰が責任をとるのでしょう？

2015年，AI専門家の大きなグループが，人間の手に余る攻撃用の自律型兵器を軍事使用することの危険性を警告する書簡に署名しました。国際的なAI軍拡競争を招くおそれがあるからです。人工知能に関する国際会議（International Joint Conference on Artificial Intelligence）で発表された書簡には，スティーブン・ホーキング，イーロン・マスク，スティーブ・ウォズニアック，ノーム・チョムスキーといった有識者の名前がありました。

参照: テスラの「借りものの心」（1898年），
アシモフのロボット工学三原則（1942年），
『地球爆破作戦』のコロッサス（1970年），
AI倫理学（1976年），自律型ロボット手術（2016年），
AIをだます敵対的データ（2018年）

◀**画家がイメージする自動殺人ドローン**　画像認識とAIによる確認のあと敵の戦車を攻撃しています。

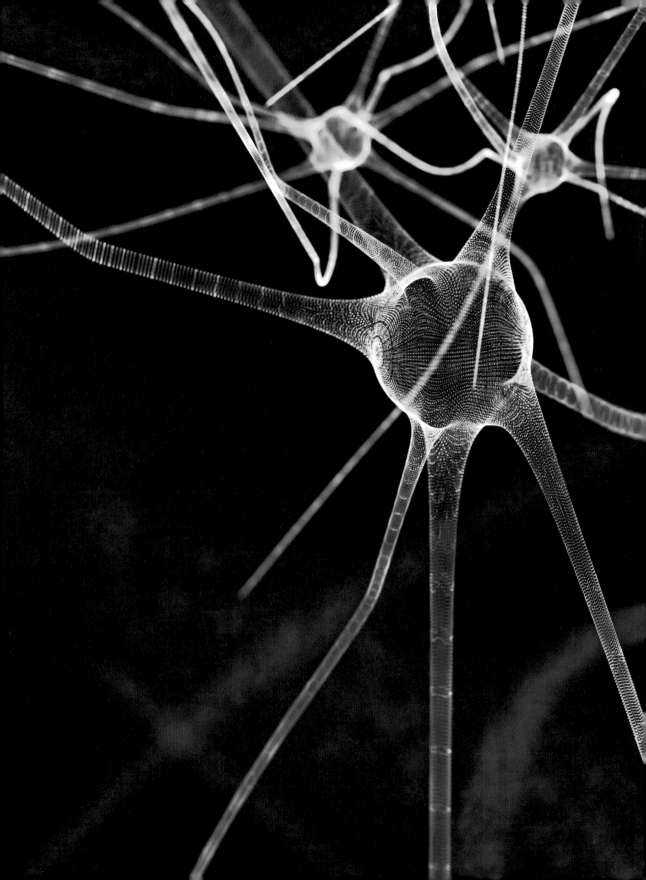

人工ニューラルネットワーク

人工ニューラルネットワーク（ANN）はしばしば，クリームと生地の層が積み重なってできた多層のケーキのような図で表されます。各層には単純な計算ユニットの形をとるニューロン（神経細胞）が含まれ，"興奮"するとそれをほかのつながったニューロンに伝えます。どの程度興奮を伝えるかは重み，つまり強度の係数で決まります。ニューラルネットワークは学習期間を通じてさまざまな重みと閾値を初期のランダムな状態から修正することで，課題を処理することを学べます。たとえば事前に"象である"と"象ではない"の二つに分類された大量の画像を分析して，象の画像を認識します。基本的なニューラルネットワークの機能に加えられたさまざまな技法には，"誤差逆伝搬法"も含まれます。誤差逆伝搬法では，情報を逆方向に伝えられます。現在，ニューラルネットワークはさまざまな研究や実用的な応用，たとえばゲーム，自動車制御，薬品設計，医療画像によるがんの発見，翻訳などに使われています。

ニューラルネットの基本計算モデルのいくつかは，神経生理学者ウォーレン・マカロック（1898 ～ 1969）と論理学者ウォルター・ピッツ（1923 ～ 1969）が著し，1943年の論文『神経活動に内在する観念の論理演算』（*Bulletin of Mathematical Biophysics* 誌に掲載）で議論されました。1957年にはフランク・ローゼンブラット（1928 ～ 1971）がパターン認識のためのパーセプトロンアルゴリズムを考案し，続いてコンピューターのハードウェアに実装されました。21世紀になり，分散コンピューティング（ネットワークで結ばれたコンピューター群）やGPU（画像処理ユニット）ハードウェアで，ANNは大変実用的になりました。

ANNは生物学的なニューラルネットワークに触発されたものです。機械学習を実装する手段の一つで，コンピューターは課題を解く明確なプログラムがなくても学習能力を発揮します。コンピューターサイエンスにおける"ディープラーニング"のコンセプトには，複数の層をもつANNが含まれ，それによって豊富な中間表現を構築できます。一方，ANNの問題点の一つは，入力が意図的に操作されるとANNがだまされ，明らかに間違った答えを出すことです。また，ANNがある特定の答えをなぜ，どうやって出したかを理解するのも困難です。それでもニューラルネットの最近の実用的な応用を反映して，GoogleのAI専門家ジェフ・ディーン（1968 ～ ）は次のように述べました。「進化において動物が眼を発達させたのは，大きな進歩だった。そして今，コンピューターは眼をもった」

参照: 強化学習（1951年），パーセプトロン（1957年），機械学習（1959年），ディープラーニング（1965年），コンピューター芸術とディープドリーム（2015年）

人工ニューラルネットワークは生物学的ニューラルネットワークから大まかなヒントを得ており，信号を互いに伝達する，相互接続された脳内神経細胞のようなものです。

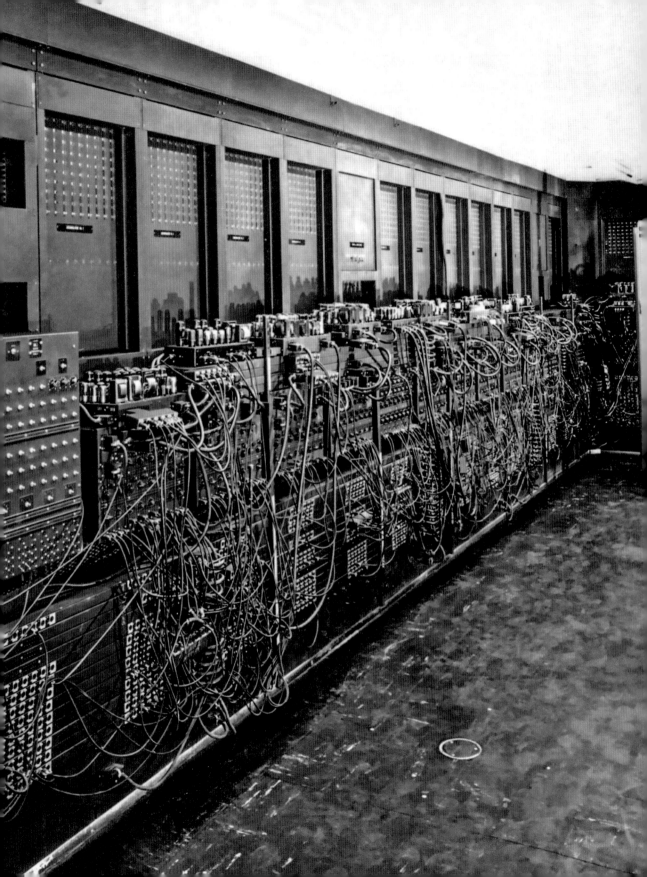

ENIAC

ENIACと思考する機械の未来に関する1946年の新聞各紙の見出しは熱狂的なものでした。「機械の頭脳が人類の地平を拡げる」と *The Philadelphia Inquirer* 紙は書き，*The Cleveland Plain Dealer* 紙は「人間，計算機に脱帽」と称賛し，さらに「人類の思考の限界に新たな時代」を告げるものだと報じました。電気によって具現化された"思考"の進化に対する，こうしたメディアの注目と技術的な先進性により，世界の人々は当然AIのさらなる可能性について考えるようになりました。

ENIACはElectronic Numerical Integrator And Computer（電子的数値積算器・計算機）の略で，アメリカの科学者ジョン・モークリー（1907～1980）とジョン・プレスパー・エッカート（1919～1995）によってペンシルベニア大学ムーア校で開発されました。この装置はさまざまな計算問題を解くことができる，電子的で再プログラミングが可能な最初のデジタルコンピューターでした。ENIACの当初の目的はアメリカ陸軍の大砲の弾道計算表をつくることでしたが，その最初の重要な応用には水素爆弾の設計も含まれていました。

ENIACは1946年に発表されました。建造費は50万ドル近くで，1955年10月2日に電源を落とすまでほぼ休みなく使われました。この機械には17,000本以上の真空管が使われ，500万カ所に及ぶ接点が人の手ではんだづけされました。入力と出力にはIBMのカード読取機とカードパンチ機が使われています。ところで，1995年，ジャン・バン・デル・スピーゲル教授率いる工学部の学生チームが単一の集積回路上に30トンのENIACの"レプリカ"を作成しました！

1930年代と1940年代のその他の重要な電気式計算機には，アメリカのアタナソフ＆ベリーコンピューター（1939年10月に実証実験），ドイツのZ3（1941年5月に実証実験），イギリスのコロッサスコンピューター（1943年12月に実証実験）があります。しかしENIACと異なり，これらの計算機は完全電子化や汎用化がなされていたわけではありませんでした。

ENIACの特許（第3,120,606号，1947年）申請者は次のように書いています。「複雑な計算が日常的に求められるようになり，計算速度がきわめて重要になったが，最新の計算手法の要求を完全に満たすことのできる機械は現在市場に存在しない。……本発明はそうした長い計算時間を数秒に短縮することを意図している。……」

参照：アバカス（紀元前190年頃），
バベッジの機械式計算機（1822年），
『人工頭脳』（1949年）

◀ **ENIAC** さまざまな計算問題を解くことができる，電子的で再プログラミングが可能な，最初のデジタルコンピューターでした。この機械には17,000本以上の真空管が使われていました。

SEQUENCE INDICATORS

24   31   32   33   34   MAIN   10   9   8   7
                              SEQUENCE

— START BUTTONS —

STEP   STEP   MAIN   10   9   8   7
BACK   FORWARD   SEQUENCE

MECHANISM   — STEP BUTTONS —
NO. 3

24   31   32   33   34   MAIN   10   9   8   7
                              SEQUENCE

T LIGHTS

『人工頭脳』

アメリカのコンピューター科学者エドモンド・バークレー（1909〜1988）は，1949年にコンピューターに関するおそらく初の一般読者向けの書籍を出版しました。書名は『人工頭脳（巨大な脳，もしくは考える機械）』で，「脳」という用語と「考える」という単語をコンピューターに適用する妥当性について問題を提起したことで注目に値します。これらの問題の多くは現在でも重要です。本書でバークレーは次のように書いています。「最近，ものすごいスピードと能力で情報を処理できる風変わりな巨大機械に関するニュースが多数あふれている。それらの機械は計算と推論ができる。そのうちのいくつかはほかより利口で，より多くの種類の問題を解くことができる……人間が一生かけても解けないような問題を解くことができるのだ。……こうした機械は肉と神経の替わりに金属と電線でつくった脳のようなものである。したがって，これらの機械を機械脳と呼ぶのは自然である」

この本が書かれたとき，電子コンピューターは一般にほとんど知られていなかったことを理解しておくと面白いでしょう。こうした"巨大な脳"の存在は希少でしたが，バークレーは本の中でそのいくつかに言及しています。たとえば，マサチューセッツ工科大学の微分解析機第2号，ハーバード大学のマーク1（IBMの自動シーケンス制御計算機としても知られる），ペンシルベニア大学ムーア校のENIAC，ベル研究所の汎用リレー計算器，ハーバード大学の学生がつくったカリン・ブルクハート論理的真理計算機などが含まれています。1961年版につけ加えられたバークレーのあとがきでは，"直感的な思考"でさえいつの日か機械によって実現されるかもしれないと述べています。「直感的な思考とはおそらく，心の内にある代替案を一瞬でざっと眺め，瞬間的に評価して組み合わせ，その結論をどうやって導いたかほとんど意識せずにある結論に達することである。そうであれば当然，私たちが直感的な思考と呼ぶものを表すように，コンピューターをプログラムすることが可能となる。人間の思考との違いは，結論を得る方法がわかっているかどうかだけである」

参照: ホッブズの『リヴァイアサン』（1651年），意識の工場（1714年），ENIAC（1946年），『地球爆破作戦』のコロッサス（1970年），『その名は人工エイリアン』（2015年）

◀ **"巨大な脳"** ここに示したのはハーバード大学サイエンスセンターにあるIBM自動シーケンス制御計算機（ASCC），またの名をハーバード大学マーク1の，シーケンス表示器とスイッチ類

チューリングテスト

フランスの哲学者ドゥニ・ディドロ（1713 ～ 1784）はかつて次のように述べました。「もし何にでも答えることのできるオウムがいたら，私はためらうことなくそれを知的存在だというだろう」。これは次の疑問につながります。適切にプログラムされたコンピューターは"考える"知的な存在だとみなせるのでしょうか？　1950年，イギリスのコンピューター科学者アラン・チューリング（1912 ～ 1954）は，学術誌 *Mind* に掲載された『計算する機械と知性』という著名な論文でこの疑問に答えようとしました。チューリングは，もしコンピューターが人間と同じように振る舞うのであればそれを知的と呼んでも差し支えないと提起し，さらに任意のコンピューターの知性を評価する特別なテストを提案しました。人間の試験官がいて，誰が（何が）答えているかを見ることができないとします。その試験官が質問を印字し，コンピューターと人間が文字を使って答えるところを想像してみましょう。もし，試験官が文字の回答を確かめた後でコンピューターと人間を区別できなかったら，このコンピューターは今日私たちが"チューリングテスト"と呼んでいるものの典型版に合格したことになります。

最近ではローブナーコンテストが毎年開催され，その中でチューリングテスト合格に一番近いプログラムをつくったコンピュータープログラマーを表彰しています。もちろんチューリングテストは長年多くの討論や論争を引き起こしてきました。たとえばこのテストは人間を真似ることを重視しているので，もしコンピューターのほうが実際に人間よりずっと"知的"でもそれほど知的でないふりをする必要があります。その結果，タイプミスの誘発，話題の転換，ジョークの挿入，試験官への質問といった巧妙で不正な手口でたびたび試験官をだましたのです。2014年，ロシア人プログラマーによって開発された会話ロボットが（初めて）チューリングテストに合格しました。ロボットはユージン・グーツマンという名をもつ13歳のウクライナの少年を装っていました。

チューリングテストの有用性に関するもう一つの課題は，人間の試験官の専門知識レベルによってテストの結果が簡単に左右されることです。もっとも，"知性"を検出する能力がどうであれ，チューリングテストがコンピュータープログラマーや技術者の創造性を刺激するのは間違いありません。

参照：『機械の中のダーウィン』（1863年），
『人工頭脳』（1949年），自然言語処理（1954年），
中国語の部屋（1980年），
モラベックのパラドックス（1988年）

チューリングテストは人間と変わらない知的行動を示す機械の能力を測るものです。

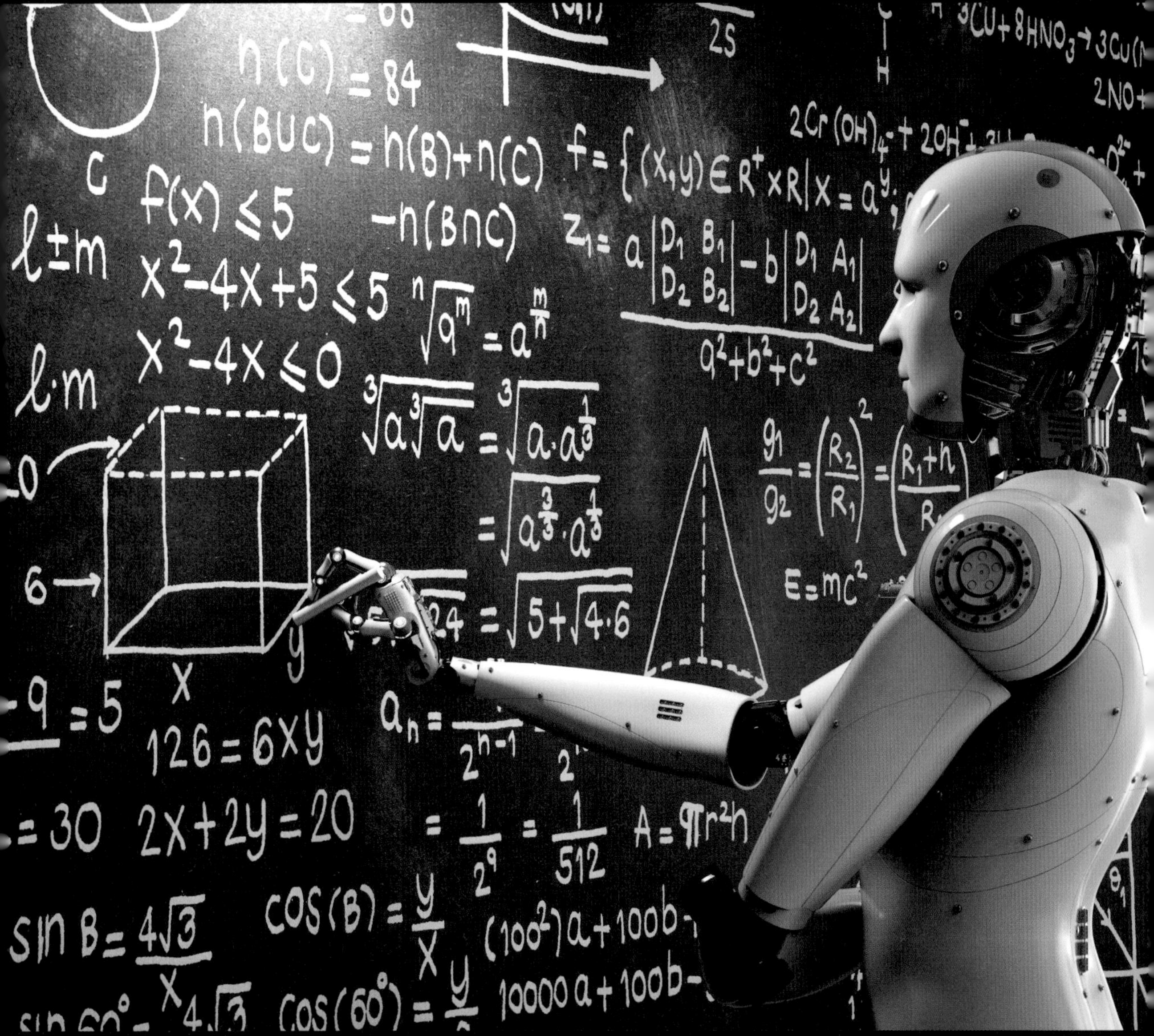
n(C) = 84
n(BUC) = n(B)+n(C)
-n(BnC)
f(x) ≤ 5
x²-4x+5 ≤ 5
x²-4x ≤ 0
126 = 6xy
2x+2y = 20
E=mc²
A = πr²h
(100²)a+100b
10000a+100b

『人間機械論』

ノーバート・ウィーナー（1894 ～ 1964）はアメリカの有力な数学者兼哲学者で，サイバネティックス分野の主要な創始者の一人です。この分野では，人間の活動や技術の多くの領域におけるフィードバックを扱っています。AI専門家のダニエル・クレバーは次のように述べています。「ウィーナーはフィードバック機構を情報処理装置，すなわち情報を受けとりそれにもとづいて意思決定するものだと考えていた。ウィーナーは，あらゆる知的行動をフィードバック機構の結果であると推測していた。定義にもとづけば，知性とはおそらく情報の受信と処理の結果である」

著書『人間機械論』（1950年）の中で，ウィーナーは人間と機械が協調する方法を深く考察しました。ウィーナーの見方は四六時中電気通信に取り囲まれた今日の私たちにも確かに当てはまるものです。「本書で主張したいのは，社会はそれがもつメッセージと通信機能の研究を通じてのみ理解できるということ，および将来こうしたメッセージや通信機能が発達するにつれ，人から機械，機械から人，そして機械同士の間のメッセージがますます大きな役割を果たすに違いないということである」

ウィーナーは学習する機械が将来必要となることを予見していましたが，融通の利かない機械に意思決定プロセスを任せることにも警鐘を鳴らしていました。「意思決定のためにつくられた機械は，学習能力がなければまったく融通が利かないものになるだろう。あらかじめそうした機械の行動法則を調べ，私たちが許容できる原理にもとづいて機械が行動することを十分確かめなければ，その機械に私たちの行動を決めさせるのは危険だ。一方，学習能力があり，習得したことにもとづいて意思決定できる機械には，私たちがなすべきだった，あるいは私たちに受け入れられるような決定を下す義務はまったくない。（機械に責任を押しつけるということは）その機械の学習能力の有無にかかわらず，風に任せた自分の責任がつむじ風に乗って舞い戻ってくるのに気づくようなものである」

こうした注意喚起は現代にも当てはまるもので，安全な汎用人工知能への道を拓く必要性を多くの未来学者が訴えています。

参照：『機械の中のダーウィン』（1863年），テスラの「借りものの心」（1898年），ダートマス会議（1956年），知能爆発（1965年），ディープラーニング（1965年）

ノーバート・ウィーナーは，「学習能力があり，習得したことにもとづいて意思決定できる機械には，私たちがなすべきだった，あるいは私たちに受け入れられるような決定を下す義務はまったくない」と述べています。

強化学習

強化学習には，ごほうびをねだるネコが見せる単純な行動を連想させるところがあります。1900年代の初め，心理学者のエドワード・ソーンダイク（1874～1949）はスイッチを踏んだ場合にだけ脱出できる箱にネコを入れました。ネコはしばらくうろついた末，偶然スイッチを踏み，ドアが開いてえさなどの報酬をもらうことになります。この行動と報酬の関係を学んだあと，ネコが脱出する時間は次第に短くなり，しまいにはあっという間に脱出するようになりました。

1951年に認知学者のマービン・ミンスキー（1927～2016）とその学生のディーン・エドモンドは，SNARC（確率論的ニューラルアナログ強化計算機）という3000本の真空管でできたニューラルネットワーク装置をつくり，40個のつながった神経細胞をシミュレーションしました。ミンスキーはSNARCを使って迷路を脱出するネズミをシミュレーションするシナリオなどを研究しました。たまたまネズミが一連の有益な動きにより迷路から脱出するとその動作に対応した結合が強められ，その結果望ましい行動が強化されて学習が進みます。初期の有名な強化学習装置のほかの例としてチェッカー（1959年），三目並べ（1960年），バックギャモン（1992年）をするシステムがあります。

こうした例が示すように，強化学習をごく簡単に定義すると，報酬を得るため，もしくは累積報酬を最大化するために状態の集まりを遷移することを含む機械学習の一分野といえます。"学習者"は，どの行為が最高の報酬をもたらすかを試行錯誤を繰り返すことで発見するのです。今日，強化学習はしばしば大規模ニューラルネットワークなどのディープラーニングと組み合わせ，データ中のパターンを認識します。強化学習を使うとシステムや機械は明確な指示なしで学習ができます。したがって，自動運転車，産業用ロボット，ドローンのような機械は，試行錯誤と経験を通じて能力を発展させ改良することができるのです。強化学習を幅広く活用する場合の実用上の課題は膨大なデータとシミュレーション回数が必要なことです。

参照：三目並べ（紀元前1300年頃），
人工ニューラルネットワーク（1943年），
機械学習（1959年），
バックギャモン王者の敗北（1979年），
チェッカーとAI（1994年）

強化学習はソフトウェアエージェントに有益な動作を教えて，累積報酬を最大化する方法です。初期の有名な応用は迷路脱出，チェッカー，三目並べ，バックギャモンの学習など

音声認識

The Economist 誌は最近の号で現代の音声認識装置を「呪文を唱え，言葉だけで世界を操る」ことができるものになぞらえました。小説家アーサー・C・クラークによる，十分に進歩した技術は魔法と区別できないという言葉が思い出されます。*The Economist* 誌は続けます。「急速に発達するボイスコンピューティング技術はクラークの指摘を証明している。……二言三言を空中に放てば，近くの装置が願いをかなえるのだ」

音声認識の科学技術は話した言葉を機械で認識できるようにするもので，長い歴史をもっています。1952年，ベル研究所は真空管回路を利用し，読み上げた数字が理解できるAUDREY（オードリー）システムを開発しました。それから十年後，1962年のシアトル万博でIBMのシューボックス（靴箱型）装置は0から9までの数字を含む16種類の単語を理解し，「たす」のような単語を聞くと算術演算を実行することができました。1987年にアメリカの玩具会社ワールドオブワンダー社から発売された人形“ジュリー”は，いくつかの簡単なフレーズを理解して返答できました。

機械に音声を認識させる技術はずいぶん進歩しました。従来から，音声認識では音が単語に対応しているかどうかを予測する統計的手法である隠れマルコフモデル（HMM）が用いられていましたが，現在では認識にディープラーニング（多層化されたニューラルネットワークなど）を多用し，高精度を実現しています。たとえば，音声認識システムは騒々しい環境で音の流れを聞き，訓練テキストの中で遭遇したさまざまな単語やフレーズの確率を決定して何が話されているかをいろいろと“推測”します。特別なソフトウェアアプリケーションが特定のフレーズが使われる可能性に関する知識をもっている場合もあります。たとえば“腹部大動脈瘤”という単語が現れる確率の高低を，それが放射線を扱う会話ソフトウェアが聞きとったのか，単純な指示を待つ車内で発言されたのかによって決定するのです。

今日ではもちろん家庭，車，オフィス，携帯電話の中に数えきれないほどのデジタルアシスタントがいて，音声の質問や指示に応答し，メモをとるのも助けてくれます。視覚障害者や身体障害者にも音声入力が役立つ場合があります。

参照: 音声合成（1939年），
人工ニューラルネットワーク（1943年），
自然言語処理（1954年）

◀ **IBMのシューボックス（靴箱型）装置**　オペレーターの話す「5たす3たす8ひく9。合計」といった数字や算術命令を聞き取ることができます。

自然言語処理

IBMが誇らしげに報道発表を行ったのは，1954年でした。「本日初めてロシア語が電子"脳"によって英語に翻訳されました。……有名なコンピューター IBM 701はほんの数秒で，数節の文章を読みやすい英語に変換しました。ソビエトの言葉を一言も知らない少女がロシア語のメッセージをIBMカードに打ち出したのです」。報道発表の説明は続きます。「この頭脳は毎秒二行半という驚くべきスピードで英訳を自動プリンターに打ち出しました」

1971年にコンピューター科学者のテリー・ウィノグラード（1946 ～ ）は，「赤いブロックを青のピラミッドの横に動かせ」といった人間の音声命令を物理的な動作に変換するSHRDLU（シュルドゥル）というプログラムについて書いています。今日，自然言語処理（NLP）では多くの場合，音声認識，自然言語理解（機械読解），音声合成といった，AIの周辺領域の数々が含まれます。その目標の一つは人間とコンピューターとの自然なやりとりを円滑に進めることです。

初期の自然言語処理ではふつう人がつくった複雑な規則を用いていました。しかし1980年代になると，大規模な言語入力例を分析して規則を学ぶ機械学習アルゴリズムが多用されるようになりました。自然言語処理では機械翻訳（例：ロシア語から英語への翻訳），質問回答（例：フランスの首都は？），感情分析（話題に対する感情や態度）などが典型的です。文字，音声，動画の入力を分析する自然言語処理は，迷惑メールの選別，長文記事の要約，スマートフォンアプリのQ＆Aなどさまざまな分野で採用されています。

自然言語処理には難しい課題がたくさんあります。たとえば音声認識では隣接した単語同士の音が混ざり合います。また，演算システムはシンタックス（構文論），セマンティクス（意味論），プラグマティクス（語用論）といったものを考慮に入れなければなりません。そこには，ある単語が異なる文脈で異なる意味をもつなどの言語にまつわるさまざまな種類の曖昧さが含まれます。今日では，精度向上のためにニューラルネットワーク手法が多用されています。

参照: 音声合成（1939年），
人工ニューラルネットワーク（1943年），
チューリングテスト（1950年），
音声認識（1952年），機械学習（1959年），
リックライダーの『人間とコンピューターの共生』（1960年），
心理療法士イライザ（1964年），
SHRDLU（1971年），偏執狂パリー（1972年），
クイズ番組とAIワトソン（2011年）

◀ **IBM 701の"電子脳"** 1954年，"ジョージタウン大学とIBMの実験"として知られる研究プロジェクトの有名な公開実験で，これによって，ロシア語が自動的に英語に翻訳されました。

ダートマス会議

ジャーナリストのルーク・ドーメルは「1956年の夏，」と書き出します。「エルビス・プレスリーが腰を振って観客を騒がせていたころ……そして，ドワイト・アイゼンハワー大統領がアメリカ合衆国の標語を"われわれは神を信じる"にすることを認めたころ，初めてAIに関する公式会議が開催された」。"人工知能に関するダートマス夏期研究プロジェクト"という会議で，コンピューター科学者ジョン・マッカーシー（1927 〜 2011）がつくった"人工知能"という用語がここから世に広まったのです。

この会議の開催は，ダートマス大学のマッカーシー，ハーバード大学のマービン・ミンスキー（1927 〜 2016），IBMのナサニエル・ロチェスター（1919 〜 2001），ベル研究所のクロード・シャノン（1916 〜 2001）によって，次のように正式に提案されました。「私たちは夏の2カ月間，10名で人工知能の研究を行うことを提案する。……（私たちが推測しているのは）学習のあらゆる側面や知能のほかの機能は，原則として機械がそれを真似できるように正確に記述できる，ということである。機械が言語を利用し，抽象と概念を形成し，今は人間にしか解けない問題を解き，機械が自身を改善するにはどうしたらよいかということを見出す試みがなされるだろう。慎重に選ばれた科学者のグループがひと夏をかけていっしょに取り組めば……大きな進展が得られると考えている」。この提案では，「ニューラルネット」や「ランダムさと創造性」といった，ほかの重要な分野についても具体的に言及されました。

会議の中で，カーネギーメロン大学のアレン・ニューウェル（1927 〜 1992）とハーバート・サイモン（1916 〜 2001）は，ロジック・セオリストという記号論理学の定理を証明するプログラムを発表しました。作家のパメラ・マコーダックはダートマス会議について次のように書いています。「彼らには共通の信念があった……私たちが思考と呼んでいるものは，実際，人間の頭蓋骨の外にも置くことができ，形式的で科学的な方法で理解でき，人間以外でそうしたことができる最高の道具はデジタルコンピューターである，という信念が」

AI技術が複雑であることや参加者がばらばらな日に出入りしていたこともあって，会議では期待したほどの成果は得られませんでした。とはいえ，ダートマス会議はその後20年間にわたってAI分野に影響を及ぼすことになる多彩な研究者のグループを一つにしたのです。

参照：人工ニューラルネットワーク（1943年），
自然言語処理（1954年），
リックライダーの『人間とコンピューターの共生』（1960年）

◀**コンピューター科学者ジョン・マッカーシー（1974年の写真）** 人工知能に関するダートマス夏期研究プロジェクトは，AI史上の重要なできごととみなされています。マッカーシーが選んだ人工知能という用語が世に広まりました。

パーセプトロン

今日，人工ニューラルネットワーク（ANN）はパターン認識（例：顔認識），時系列予測（例：株価が上がるかどうかの予測），信号処理（例：ノイズ除去フィルター）といった多くの用途で使われています。ニューラルネットワークの基礎については「人工ニューラルネットワーク」（91ページ）で述べましたが，完全に機能する人工ニューラルネットワークに向けて歴史的に重要なはしごの一段を昇ったのは，1957年に心理学者のフランク・ローゼンブラット（1928～1971）が開発したパーセプトロンでした。1958年，ローゼンブラットの熱意に押されたこともあり，*The New York Times* 紙はパーセプトロンを「歩き，話し，見て，書いて，自己複製し，自己の存在を意識できるようになると（海軍が）期待している電子計算機の萌芽だ」と力説しています。

パーセプトロンにはもともと三層につながった "ニューロン"（単純な計算ユニット）がありました。第一層は縦20列横20列に並んだ光電管で，眼の網膜に相当します。第二層は光電管からの入力を受けとる接続細胞で，初期状態の接続はランダムでした。第三層は機械の前に置かれた対象物に（三角形などの）ラベルをつける出力細胞でできていました。パーセプトロンが正しく（または誤って）推測すると，研究者はラベルにつながった細胞間の電気結合を強める（または弱める）ことになっていました。

パーセプトロンの最初のバージョンはIBM 704コンピューターのソフトウェアに実装されました。2番目のバージョンであるMark 1パーセプトロンは特殊なハードウェアに実装され，ニューロン間の結合の強さを変更することで特定のパターンの分類を学習できる訓練可能な装置でした。数学的な重みは実際には可変抵抗器で調整され，学習中の重みの変更は電気モーターで行いました。この装置はさまざまなパターン認識の処理ができるものと期待されていました。しかし残念なことに，誇大な宣伝と期待はこのような単純なモデルの限界を超えていたのです。実際，マサチューセッツ工科大学のマービン・ミンスキー（1927～2016）とシーモア・パパート（1928～2016）が書いた『パーセプトロン』（1969年）は単純なパーセプトロンの限界を明示し，この生まれたての機械学習分野への関心に水を差しました。しかし，ニューロンを構成する層を増やせば計り知れない価値と用途をもちうることが後に明らかとなったのでした。

参照：人工ニューラルネットワーク（1943年），
　　　機械学習（1959年），
　　　ディープラーニング（1965年）

◀ **IBM 704（1957年の写真）** 最初のバージョンのパーセプトロンは，このコンピューターに実装されました。IBM 704 は浮動小数点演算ハードウェアを備えた最初の大量生産型コンピューターでした。

トランスヒューマニズム（超人間主義）

トランスヒューマニストの哲学者ゾルタン・イシュトバンは「人工知能の到来は人類史におけるもっとも重要なできごとになるだろう」と書いています。「もちろん大切なのは，人工知能を野放しにして私たちの目の届かないところに置くことではない。すでにサイボーグや部分的な機械と化している私たちが，人工知能の導く先々で人工知能に正しくつながることだ」

1957年に出版された『新しいワインは新しいボトルに』の中で，ジュリアン・ハクスリー（1887〜1975）はトランスヒューマニズム（超人間主義）という言葉をつくり出しました。「人類は……自己を超越して…人間性の新たな可能性を実現できる。……人類は，私たちが北京原人と異なるように，私たちと異なる新たな存在となる境界に立つだろう。人類はついに，みずからの真の運命を意識的にかなえるのだ」

哲学者で未来学者のマックス・モア（1964〜）など多くの人々が支持する現代的なトランスヒューマニズム論では，人間の精神的，肉体的能力を高める技術を利用するのが普通です。これは，遺伝子操作，ロボット工学，ナノテクノロジー，コンピューター，仮想世界への心の転送といった手段を通じて，また老化の生物学的原理を完全に理解することによって，おそらくいつの日か私たちが"ポストヒューマン"，さらに言えば不死の存在に

なるという考え方です。私たちはすでに，自分たちを高度な人工知能と接続して認知能力を拡げるには，脳とコンピューターのインターフェイスをどのように使えばよいかについてヒントをつかみつつあります。老化の生物的原理の完全解明に近づくにつれ，不死の実現も近づくことでしょう。

ところで，もし自分の身体や心が永遠に生き延びることができるとして，本当にそうしたいでしょうか？　私たちはみな自分の経験によって変化します。通常この変化はゆるやかなので，今の自分は去年の自分とほとんど同じです。しかし，普通の，あるいは強化した身体が1000年にわたって生き延びるとすれば，精神的な変化が徐々に積み重なって，最終的にはおそらく，まったく異なる人物が肉体に宿ることでしょう。1000歳になった自分は今の自分とは似ても似つかないかもしれません。"自分"はもはや存在しないのです。存在が終わるという意味での死の瞬間はなくとも，あたかも砂の城が時とともに変容するように，"自分"は1000年かけて徐々に消え去るでしょう。

参照: 意識の工場（1714年），魂の探索（1907年），リックライダーの『人間とコンピューターの共生』（1960年），シミュレーション仮説（1967年），スピルバーグの『A. I.』（2001年）

アメリカの科学者で経済学者のヨシヒロ・フランシス・フクヤマ（1952〜）は，通常，技術を使って人間の精神と肉体の能力を高める意味をもつトランスヒューマニズムは，世界でもっとも危険な思想だと言いました。

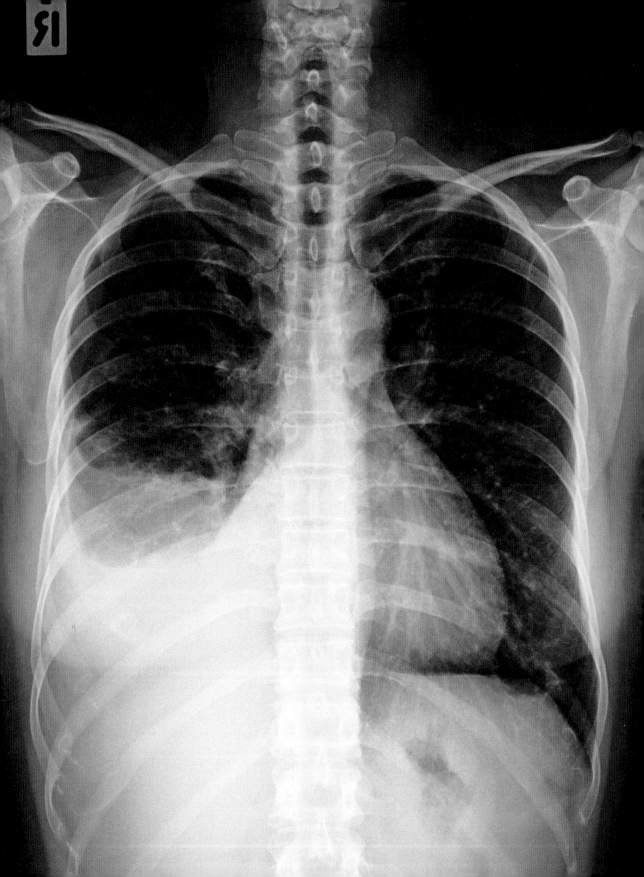

機械学習

人工知能の専門家，アーサー・リー・サミュエル（1901～1990）は機械学習という言葉を初めて使った人物として知られています。*IBM Journal of Research and Development* 誌（IBMの技報）に掲載された，1959年の論文『チェッカーゲームを用いた機械学習の研究』で脚光を浴びました。論文の中でサミュエルは「コンピューターを経験から学ぶようにプログラムする」ことで，作業固有の明確なプログラムと指示のほとんどがいずれ不要になるだろうと解説しました。

今日，人工知能の計算方法と実現手段の主流の一つとなっているのが機械学習です。機械学習はコンピュータービジョン，音声理解，自律ロボット，自動運転車，顔認識，Eメール選別，光学文字認識，おすすめ商品の案内，がんのなりやすさの識別，データ漏洩の検出などで活躍しています。なお，さまざまな形態をとる機械学習には，予測や分類を行う学習のために大量の入力データが必要となります。

教師あり機械学習の場合は，情報でラベルづけされたサンプルデータをアルゴリズムに与えることにより，システムはその後ラベルなしのデータが与えられた場合に予測を行うことができます。たとえば，人間が正しく"ライオン"と"虎"にラベルづけした，ライオンと虎の画像10万点を取り込むシステムを考えてみましょう。画像を取り込んだ後，教師あり学習アルゴリズムは初見のライオンを虎と区別することができるはずです。教師なし学習の場合はラベルなしのデータが与えられ，システムが隠れたパターンを見つける場合があります。たとえば，ツナ缶の購入を止めた30歳の女性は妊娠の可能性があるので出産用品の広告の対象となる，とシステムが判断するかもしれません。

注意が必要なのは，入力データが偏っていたり，不正確だったり，悪意をもって操作されていたりした場合，機械学習のアプローチが間違いを起こしやすいことです。ローンの資格や，仕事のあっせんや，仮釈放の対象を誰にするべきか，といった意思決定を行う際に，特定の自動化アプローチに過度に頼らないよう気をつけなければなりません。この原則は意思決定に機械が絡む領域の多くに当てはまるものです。

参照: 人工ニューラルネットワーク（1943年），
強化学習（1951年），自然言語処理（1954年），
知識表現と推論（1959年），
ディープラーニング（1965年），
遺伝子アルゴリズム（1975年），群知能（1986年），
AIをだます敵対的データ（2018年）

◀**胸部レントゲン写真**　2017年，スタンフォード大学の研究者は，放射線科医より上手に肺炎を診断できる機械学習アルゴリズムを開発しました。この写真には右の胸（向かって左）にたまった水が写っています。

知識表現と推論

コンピューター科学者のニルス・ニルソンは「あるシステムが知的であるためには，」と書き出します。「自分が属する世界の知識をもち，そこから結論を導くか，少なくとも知識にもとづいて行動できる手段を備えている必要がある。すなわち，符号化されるのがタンパク質の中かシリコンの中かという違いはあれど，この必要な知識を内部構造の中で表現する手段をもたねばならないという点で人間も機械も互いに似ている」。最近のAIへの関心の多くは，画像認識のようなアプリケーションのための機械学習と統計的アルゴリズムに向けられているようです。しかし，論理にもとづいた知識表現と推論（KR）は依然として多くの分野で大きな役割を担っているのです。

知識表現は，コンピューターシステムが情報を効率的に扱えるように，情報の表現方法を考えるAIの分野です。このおかげで医療診断や法律相談を行ったり，iPhoneのSiriやアマゾンEchoのAlexaのような知的会話システムをうまく機能させたりできるのです。一つだけ例を挙げると，ある概念と別の概念との意味（セマンティック）関係を表す知識表現の形式として，意味ネットワークというものが使われることがあります。意味ネットワークはたいていグラフの形をしていて，個々の概念を示すそれぞれの頂点（ノード）と，各概念の間の意味関係を示す接続線（エッジ）でできています。知識表現は数学の定理の自動証明のような自動推論にも応用できます。

初期のAIの知識表現の業績のなかには，アレン・ニューウェル（1927～1992）とハーバート・サイモン（1916～2001）が同僚と1959年に開発した，汎用問題解決機（General Problem Solver）というコンピュータープログラムがあり，それは，ハノイの塔のような単純で一般的な問題の目標を分析して解きました。後に，1984年に始まったCycプロジェクトでは，ダグラス・レナート（1950～）がさまざまな分野の常識的な推論を文書化する分析家を大勢雇い，AIシステムが人間のように推論できるよう支援しました（たとえば，Cyc推論エンジンは論理的な演繹と帰納推論を採用していました）。今日，知識表現分野のAI研究者は，新しい推論を効率的に開発するために，必要に応じて確実に知識ベースを更新できるような多くの課題に対処しています。知識表現システムに不確実さや曖昧さを組み込むのに，どのようにするのが一番よいかということも検討課題です。

参照: アリストテレスの『オルガノン』（紀元前350年頃），
ハノイの塔（1883年），
パーセプトロン（1957年），機械学習（1959年），
エキスパートシステム（1965年），
ファジイ論理（1965年）

◀ **髄膜炎を引き起こす可能性のある肺炎連鎖球菌** MYCIN（マイシン）はAIを利用して，髄膜炎のような重度の感染症を引き起こす細菌を特定し，治療方法を提案するエキスパートシステムでした。MYCINでは単純な推論エンジンと約600の規則をもつ知識ベースを採用しました。

リックライダーの『人間とコンピューターの共生』

心理学者でコンピューター科学者のジョゼフ・リックライダー（1915～1990）は1960年に，『人間とコンピューターの共生』と題する影響力の大きい論文を出版しました。リックライダーはこの論文をイチジクの樹における共生関係の説明から始めます。イチジクの樹は，卵と幼虫がその樹から栄養を得る"イチジクコバチ"によって授粉されます。リックライダーは，人間とコンピューターも同じように共生関係を築くことができると提唱しました。共生の初期段階では人間が目標を設定して仮説を立て，洞察のための準備をコンピューターが行うことになるでしょう。いくつかの問題は「コンピューターなしで定式化することは不可能だ」とリックライダーは書いています。

リックライダーは，コンピューター的な存在が人間に取って代わると想定するよりもむしろ，人間と機械の密接な相互作用に注目したサイバネティックス理論を提唱したノーバート・ウィーナー（1894～1964）の考えに同調していました。論文の中でリックライダーは，「私の希望は……人間の脳とコンピューターが互いにきわめて緊密に結びつき，その結果得られる協調関係によって，これまで人間が考えたことのないように考え，今日の情報処理機械がとったことのないアプローチでデータを処理するということだ」と説明しています。

リックライダーは従来の図書館機能を取り込むと想定される"思考センター"についても議論し，共生のための自然言語処理の必要性も示唆しています。

論文の中でリックライダーは，「電子的または化学的"機械"は，現在私たちが自分たちだけのものだと思っているほとんどの機能で人間の脳を上回るだろう」と認めています。機能の例としては，チェスの対局，問題解決，パターン認識，定理証明を挙げています。リックライダーは，「コンピューターは統計的推論，決定理論，あるいはゲーム理論機械として機能し，提案された行動方針の基本的な評価を行う。……最終的に，コンピューターは採算の許す限り，診断，パターンマッチング，関連性の認知を行うだろう」と明確に述べています。

リックライダーの論文はほぼ60年経っても依然として，人間の知能とAIの結合の可能性について重要な問題を投げかけています。私たちが今以上に機械と密接な結びつきをもつ日が来たとき，共生関係にある人間はそれでも"人間"だと言えるでしょうか？そうした人間はコンピューターからの解放を考えることがあるでしょうか？

参照：『機械の中のダーウィン』（1863年），
自然言語処理（1954年），
トランスヒューマニズム（1957年）

ジョゼフ・リックライダーは「私の希望は……人間の脳とコンピューターが互いにきわめて緊密に結びつき，その結果得られる協調関係によって，これまで人間が考えたことのないように考えることだ」と述べました。

心理療法士イライザ

イライザは自然言語入力（印字した文字など）に応答するコンピュータープログラムです。患者と心理療法士の会話をシミュレーションします。コンピューター科学者のジョセフ・ワイゼンバウム（1923～2008）によって1964年に開発されたこのプログラムは，最初のもっともらしい"チャットボット（会話シミュレーター）"の一つとして有名になりました。実際，イライザとの対話中に深い感情を表し，個人的な事情を明かした患者の割合にワイゼンバウムは衝撃を受け動揺しました。そうした人々は，イライザのことをあたかも共感することができる本当の人間だとみなしていたのです。

イライザの名前はアイルランドの劇作家ジョージ・バーナード・ショーによる喜劇『ピグマリオン』（1912年）の主人公イライザ・ドゥーリトルにちなんでいます。劇の中でヘンリー・ヒギンズ教授は，無学なイライザにきちんとした話し方を教え，もっともらしい上流階級のレディを演じさせます。ワイゼンバウムのイライザも同様に，特定のキーワードやフレーズに反応するようにプログラムされ，本当の人間が共感を示しているような錯覚を患者に与えました。このプログラムが，ある種の精神状態に苦しむ患者を実際に助けることができたと考える研究者もいます。

イライザと対話する人々を見たワイゼンバウムは，彼らがコンピューターへの依存を強め，簡単にだまされてしまう様子に危機感を募らせました。イライザに関する1966年の記念すべき技術論文の中でワイゼンバウムは次のように書いています。「人工知能をもつ機械は驚くような振る舞いを示すようにつくられており，もっとも経験を積んだ観察者でさえ見事に惑わされる場合も多い。しかし，いったんある特定のプログラムの正体が明かされて内部の仕組みが説明されると，魔法は消えてしまう。単なる手順の寄せ集めだと見破られてしまうのだ。……観察者は"自分もこのプログラムを書けたはずだ"とつぶやく。そう考えた観察者は，問題のプログラムを"知的"と書かれた棚から骨董品置場に移すのである。……本論文の目的は，"説明されかけている"イライザのプログラムの再評価を促すことにほかならない。かつて再評価をこれほど必要とするプログラムはなかった」

今では，カスタマーサービス，さまざまなオンライン仮想アシスタント，心理療法の会話システムなどにチャットボットが広く使われています。一部の玩具にも使われ，オンラインショッピングで消費者を補佐し，広告代理店の機能も果たしているのです。

参照: チューリングテスト（1950年），
自然言語処理（1954年），
偏執狂パリー（1972年），AI倫理学（1976年）

◀花売娘イライザ・ドゥーリトルの肖像　ジョージ・バーナード・ショーの戯曲『ピグマリオン』よりウィリアム・ブルース・エリス・ランケン（1881～1941）画。イライザはドゥーリトル嬢にちなんで名づけられました。ドゥーリトルは会話能力を磨くことで，洗練された教養のある人物をもっともらしく演じることができたからです。

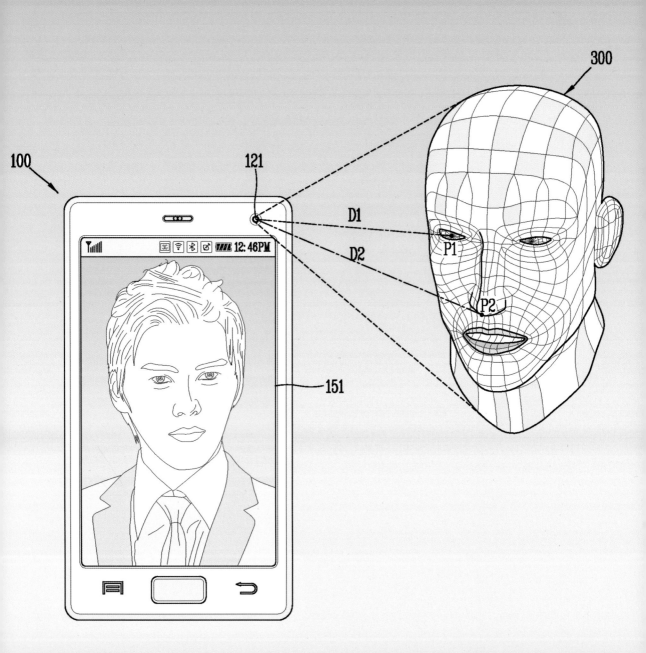

顔認識

顔認識システムでは，画像やビデオ映像に写った人間を識別します。多くの場合，写った顔の特徴（目と鼻の相対位置など）を画像データベースにある顔の特徴と比較します。最新システムのなかには，照明や顔の角度の違いにかかわらず精度を高めるために，3Dセンサーを使って情報を捉えるものもあります。認証プロセスの間に赤外線を使って利用者の顔を照らすスマートフォンもあるのです。正確な顔認識には，帽子やサングラスを身につけたり，化粧したりしている場合などさまざまな課題がありますが，今日，状況によってはアルゴリズムが人間の顔認識能力を上回っています。顔認識"技術"の起源は19世紀のイギリスにまでさかのぼることができます。1852年，烙印を焼きつけるよりも人道的な方法として刑務所写真の正式システムが導入されました。囚人を記録し，逃亡した際にほかの警察署と共有したのです。より高度な顔認識の先駆者の一人は，数学者でコンピューター科学者のウッディー・ブレッドソー（1921〜1995）です。1964年に初期の方式の顔認識に携わりました。ブレッドソーは当時，頭の回転や傾き，照明，顔の表情，年齢などのせいで，作業は

きわめて困難だったと記しています。ブレッドソーらの先人はコンピューターを使ううえで人間の手助けに大きく頼りがちでした。たとえば，人間がグラフィック端末（描画パッドなど）を使って写真の顔画像の座標を手作業で抽出していたのです。

顔認識システムは長年にわたってさまざまな技術を採用し，そのなかには固有顔，隠れマルコフモデル，動的リンクマッチングといった手法があります。科学技術者のデイビス・ウェストが概要を述べているように，現在顔認識には重要な応用がいくつかあります。「法執行機関では顔認識を地域の安全のために用いている。小売業では犯罪や暴力を防いでいる。空港では旅行者の利便性と安全性を改善している。そして，携帯電話会社は顔認識を利用して，消費者に新たな層の生体セキュリティを提供している」。その一方で，これが都会生活のわずらわしい転換点になると憂慮する人もいます。人々はもはや外出時に匿名のままでいることができないからです。

参照: 光学文字認識（1913年），
音声認識（1952年），AIBO（1999年）

◀ 米国特許 9,703,939号　携帯電話のカメラと顔認識を用いて，ロックを安全に解除（アクセス）する方法

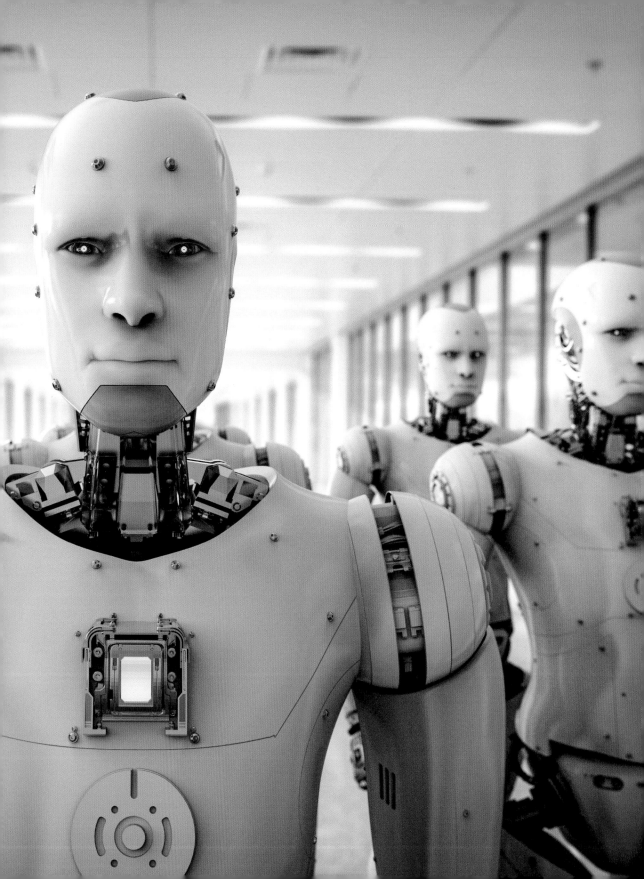

知 能 爆 発

イギリスの数学者アービング・J・グッド（1916～2009）は1965年に，『最初の超知的機械に関する推測』と題する論文の中で超人間の"知能爆発"に関する懸念を表明しました。グッドは，かつて同僚のコンピューター科学者アラン・チューリングとともに暗号学者として働いていた人物です。論文の中でグッドは次のように書いています。「超知的機械を，どんなに利口な人間の知的活動をもはるかに上回る機械であると定義してみよう。機械の設計は知的活動の一種なので，超知的機械はもっと優れた機械を設計できるはずだ。であれば知能爆発が起きることに疑問の余地はなく，人間の知能は完全に置き去りにされてしまうだろう。したがって，最初の超知的機械は人類が必要とする最後の発明となる。ただしその機械が自分たちを管理下に置く方法を私たちにみずから明かすほど従順であれば，だが」

いいかえれば，もし人間がAGI（知識と能力に対する制約がない汎用人工知能）をつくれば，ハードウェアとソフトウェアを再帰的に設計しなおせるエンジニアリング能力により，みずから自分を改良するかもしれないのです。一例を挙げると，そうしたAGIはおそらくニューラルネットと進化アルゴリズムを用いて，洗練度，学習速度，効率を上げながら，相互に通信して協力する何百もの独立モジュールを構築するでしょう。危険性をはらんだAIをインターネットのほかの部分から隔離や孤立を図る試みは失敗する可能性があります。仮に改良型の電球を製造するような，有益な目標と作業がプログラムされていたとして，AIが北米全土を電球製造工場で埋め尽くすという意思決定をしたらどうなることでしょう？

もちろん，そのような超知能が絵空事だといえる理由はいくらでもあるでしょう。たとえば，人間やハードウェアネットワークなど処理速度の遅いものに頼らざるを得ないからです。一方で，疾病治療や環境問題解決の闘いにおいては知能爆発が人類に大きな利益をもたらすかもしれません。しかし，超知的兵器が社会に与える影響はどうなるでしょう？あるいは，人間の配偶者よりも優れた知性と（疑似的な）共感を示す，コンパニオンロボットがいたとしたら？

参照：『機械の中のダーウィン』（1863年），
　　　軍事用ロボット（1942年），
　　　『人間機械論』（1950年），AI密閉容器（1993年），
　　　ペーパークリップ大増殖（2003年），
　　　『その名は人工エイリアン』（2015年）

1965年，アービング・J・グッドは，AIが自分自身をどんどん改良する，潜在的な超人間の"知能爆発"に懸念を表明しました。

エキスパートシステム

ジャーナリストのルーク・ドーメルによれば，AIの"エキスパートシステム"は「肉と血でできた人間の専門家のクローンをつくる試みで……その専門知識を抽出し，それを一連の確率的な規則に置き換える」ものです。エキスパートシステムは原理的に，胃腸科専門医，金融アドバイザー，法律家といった専門家のノウハウをコンピューター装置に貯め込むのに使うことができます。結果として得られるAIが，役立つアドバイスをみんなに与えるというのが最良のシナリオです。

エキスパートシステムは1960年代に研究が始まり，知識ベース（事実と規則の表現を含む）と推論エンジン（規則を適用し性能評価する）を用いました。規則は，「もしある年齢層の患者が特有の症状を示せば，患者は一定の確率で特定の状態にある」といった，"if-then（もし～ならば）"の形式で表されます。

エキスパートシステムの応用分野は広く，医療から保険リスクや鉱物探査の評価といった，特殊な専門技術領域を含む関連分野の診断，予測，計画，分類などが対象です。有用なエキスパートシステムは多くの場合に説明可能な推論エンジンを備えていて，利用者は推論の道筋を理解することができます。初期の有名なエキスパートシステムの例として，Dendral〔デンドラル：Dendritic Algolithm（樹状アルゴリズム）の略〕があります。1965年に始まったスタンフォード大学のプロジェクトでは，化学者が質量スペクトルの情報にもとづいて未知の有機分子を同定するのに役立ちました。もう一つの有名な初期事例はMYCIN（マイシン）です。1970年に開発されたスタンフォード大学のAIシステムで，細菌感染症の診断を補佐し，抗生物質と投薬量の提案を行いました。なお，初期のエキスパートシステムの多くはLISP（リスプ）やProlog（プロログ）といった言語でプログラミングされていました。

エキスパートシステムでは，特定分野の多忙な専門家や書籍，論文からの知識収集と体系化が課題となる場合がよくあります。確からしさや重要性を示すさまざまな数値的重みづけの適用を含め，専門家が同意するような事実と規則の集まりとして知識を体系化するのも課題の一つです。今日，多くの人が"推薦システム"を利用していますが，これもAIに多少かかわりのある分野です。映画，書籍から金融サービスや結婚相手の候補まで，利用者の好みの予測にいっそう焦点を当てています。

参照：『人間機械論』（1950年），
知識表現と推論（1959年），
ディープラーニング（1965年）

AIエキスパートシステムは往々にして人間の専門家の専門知識を抽出してつくられており，この絵では光った電球で表現されています。専門情報は一連の確率的な規則に変換されます。

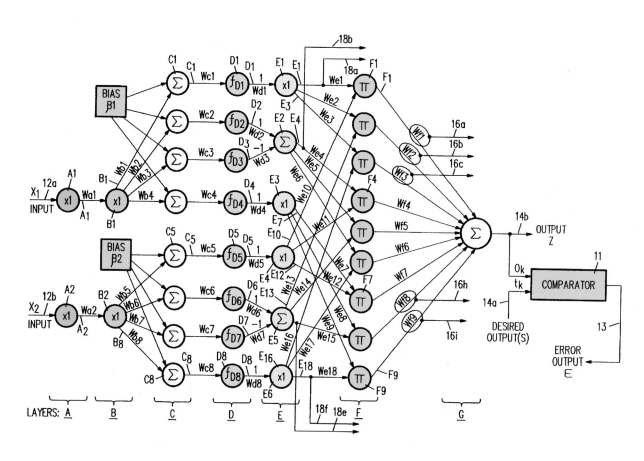

ファジイ論理

科学者のジャコビー・カーターは「ファジイ集合論は列車やエレベーターのエキスパートシステムや制御装置の商業的応用に使われてきた」と書いています。「ニューラルネットと組み合わせて，半導体製造の制御にも使われてきた。ファジイ論理（FL）とファジイ集合を生産システムに組み込むことにより，多くのAIシステムで大きな改善が図られている。この手法はデータ集合が曖昧な場合や，規則が不完全にしかわかっていない場合に特に成功を収めてきたのだ」

古典的な二値論理では真か偽のどちらかの状態を扱います。ファジイ集合論はメンバーシップ度（メンバーらしさ）をもつ集合の要素に着目するものです。1965年に数学者でコンピューター科学者のロトフィ・ザデー（1921～2017）によって導入され，1973年にファジイ論理の詳細が示されました。古典的二値論理が真か偽のいずれかの状態を扱うのに対し，ファジイ論理では幅をもった連続的な真理値を扱うことができます。

ファジイ論理には実用的な応用事例がたくさんあります。一例として，ある装置の温度監視システムを考えてみましょう。ここで，たとえば"寒い"，"暖かい"，"暑い"，という三種類の概念に対応するメンバーシップ関数をそれぞれ定義することで，一回の温度測定に対して"寒くない"，"少し暖かい"，"少し暑い"といった三つの値が得られます。ザデーは，もしフィードバック制御装置を不確かでノイズの多い入力でも使えるようにプログラムできれば，より効果的で実装が簡単になると考えたのです。

ファジイ論理の歴史におけるマイルストーンの一つは，1974年，ロンドン大学のエブラヒム・マムダニ（1942～2010）による蒸気エンジン制御への応用でした。1980年にはセメントの窯の制御に使われました。さまざまな日本企業がファジイ論理を水質浄化システムや鉄道システムに利用しました。ファジイ論理はまた，製鉄所，自動焦点カメラ，洗濯機，発酵プロセス，自動車エンジン制御，アンチロックブレーキシステム（ABS），カラーフィルム現像システム，ガラス加工，金融取引のコンピュータープログラム，手書き文字や話し言葉の微妙な差異の認識に使われるシステム，といったものの制御にも使われています。

参照: アリストテレスの『オルガノン』（紀元前350年頃），
ブール代数（1854年），
エキスパートシステム（1965年）

◀ **米国特許5,579,439号の図** 工場制御システムでのインテリジェント制御装置のファジイ論理設計を示しています。ファジイ論理の規則と，メンバーシップ関数のデータ生成用の人工ニューラルネットワークを含んでいます。「学習機構のニューラルネットにおけるファジイ化層は，A，B，C，Dの四つのニューロン層で構成できる」

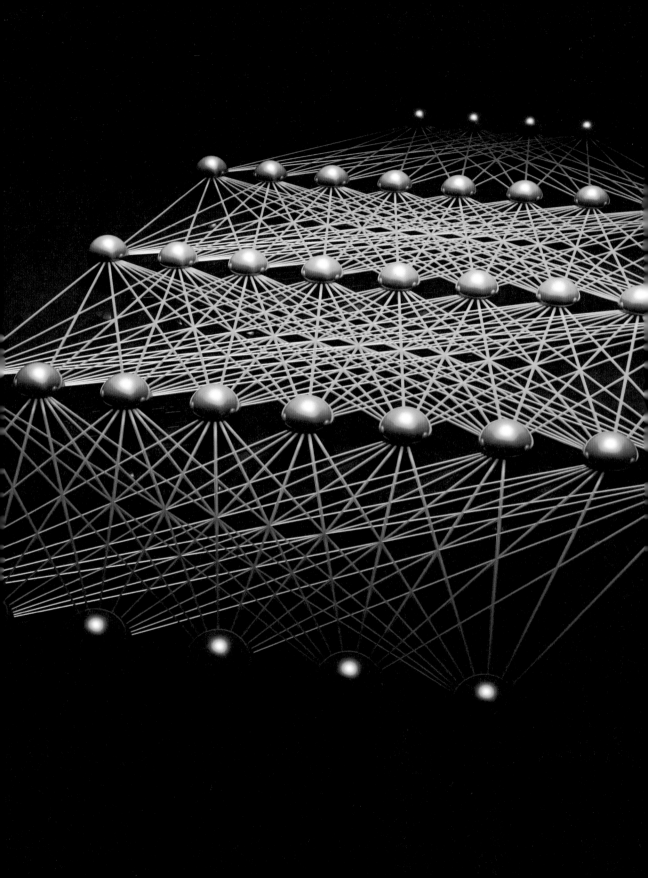

ディープラーニング

AIには機械が人間の知能を模倣できるようにするアプローチがあります。機械学習（113ページ参照）は，練習や経験を通して作業を改善するような機械を実現できるAIの一方式です。ディープラーニングは，システムが自分自身を訓練して，ゲームや写真の猫の認識といった作業を実行できるようにする機械学習の一種です。二，三層しかない浅いニューラルネットワークとは対照的に，複数の人工ニューロンの中間層をもつ深層ニューラルネット（DNN）を使います。ディープラーニングという言葉は1986年まで登場しませんが，旧ソビエトの数学者アレクセイ・イバフネンコ（1913 ～ 2007）は1965年に教師あり深層パーセプトロンの方式で初期の研究を行いました。

一般的に，ニューロンの複数の層はそれぞれ異なる階層のデータの特徴を抽出できます（ある層は単純な輪郭に反応し，別の層は顔の特徴に反応する）。ディープラーニングはバックプロパゲーション（誤差逆伝播）プロセスを備えている場合もあります。これは出力から入力へと逆方向に情報を伝えられるシステムで，誤差が出た場合にシステムに教えることで結果を改善することができるのです。

音声認識，コンピュータービジョン，自然言語理解，ソーシャルネットワーキング，翻訳，薬品設計，絵画の年代様式特定，製品の推薦文の作成，さまざまなマーケティング行動の評価，画像の修復と洗浄作業，ゲーム，電話の話者特定などの分野にディープラーニングが使われ，成功を収めてきました。

科学技術者のジェレミー・フェインは次のように書いています。「最終的にディープラーニングは機械学習の限界を打ち破った。機械学習はこれまでも繰り返し作業やデータ分析の自動化である程度成功を収めてきたが，今やあらゆる種類のゲームを見て，聞いて，プレーできるコンピューターの形をとって，未来に命を吹き込もうとしている」

参照： 人工ニューラルネットワーク（1943年），
強化学習（1951年），パーセプトロン（1957年），
機械学習（1959年），
コンピューター芸術とディープドリーム（2015年），
AIをだます敵対的データ（2018年）

深層ニューラルネット（DNN）は人工ニューロンの複数の中間層（数層から数十層）を含むことで学習能力を高めています。深層ニューラルネットはディープラーニングを行う"アーキテクチャ"を構成します。

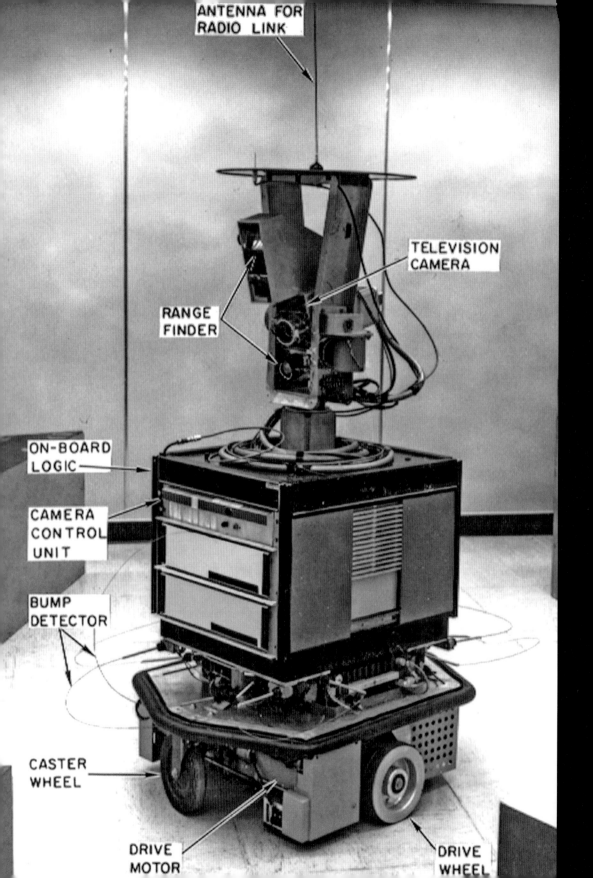

ANTENNA FOR RADIO LINK

TELEVISION CAMERA

RANGE FINDER

ON-BOARD LOGIC

CAMERA CONTROL UNIT

BUMP DETECTOR

CASTER WHEEL

DRIVE MOTOR

DRIVE WHEEL

ロボットシェーキー

*LIFE*誌がシェーキーを，まもなく「地球からの指示信号の一つもなしに，一度に数カ月間月面を動き回る」ことができる世界で初の"電子人間"と呼んだのは1970年のことでした。この魅力的なロボットに対する*LIFE*誌の報道は大げさすぎましたが，それでも，パターン認識とコンピュータービジョン，問題解決，自然言語処理，情報表現の領域で重要なマイルストーンを打ち立てた点でシェーキーは注目に値します。

1966年から1972年にかけてスタンフォード研究所で開発されたシェーキーは，あたりを動き回り，周囲を知覚し，計画実行を監視し，自分の行動を説明できる汎用自律型ロボットの設計をめざした初期の重要な取り組みでした。プロジェクトの資金はアメリカ国防高等研究計画局（DARPA）が提供し，プログラムには主にLISPが使われました。ロボットがうまく機能するようにその世界は廊下で結ばれたいくつかの部屋に限定され，ドア，照明スイッチ，およびシェーキーが押して動かせる物体がありました。オペレーターが「プラットフォームからあのブロックを押し出せ」といった指示を入力すると，シェーキーはあたりを動いてプラットフォームを確認し，スロープになる板をプラットフォームまで押していき，プラットフォームの上に登って，ブロックを押し出そうとするのでした。

シェーキーはさまざまなレベルのプログラムに頼っていました。たとえばあるレベルでは，経路計画，モーター制御，センサー情報の取得というルーチンを回す一方，ある中間レベルは，指定された位置まで実際に移動し，シェーキーのテレビカメラからの画像の処理にかかわりました。高レベルのプログラムには目的達成に向けた作業の計画や行動手順の実行が含まれていました。

当然ながら，シェーキー（震える）という名前はそのぎくしゃくした動作からついたものです。DEC社のPDPコンピューターとの間を，ラジオ信号とビデオ信号で結ぶためのアンテナをもち歩くシェーキーには，テレビカメラ，距離計，衝突センサー，操舵用モーターも搭載されていました。シェーキーの開発は，経路探索アルゴリズムやコンピュータービジョンの特徴抽出手法といったAIの重要な研究につながりました。

参照: 自然言語処理（1954年），SHRDLU（1971年），AIBO（1999年），ASIMOと仲間たち（2000年），火星のAI（2015年）

◀ **シェーキー** シェーキーはパターン認識とコンピュータービジョン，問題解決，自然言語処理，情報表現の領域で，重要なマイルストーンを打ち立てた点で注目に値します。シェーキーはテレビカメラ，距離計，衝突センサー，操舵用モーターを搭載していました。

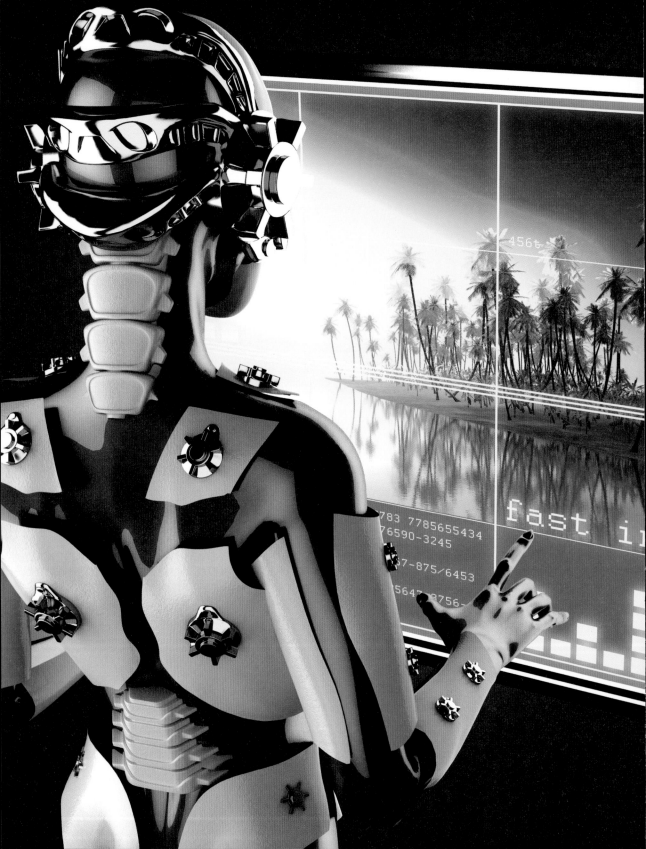

シミュレーション仮説

作家のジェイソン・コブラーは「この宇宙は現実のように見えるが，それは本当だろうか？」と書いています。「人間は人工知能をうまくシミュレーションできるようになった。だから"意識をもつ"生命をつくり出せてもおかしくないだろう。そして，私たちが意識をもつ生命をつくれるのなら，私たちの知る宇宙が超知的な人工知能によってつくられたのではない，などと誰が言えるだろう？」

私たち自身がコンピューターシミュレーション内で生きる人工知能だ，ということはないでしょうか？　宇宙がデジタルコンピューターであるという仮説は，ドイツの技術者コンラッド・ツーゼ（1910 ～ 1995）によって1967年に示されました。ほかにもエドワード・フレドキン（1934 ～ ），スティーブン・ウルフラム（1959 ～ ），マックス・テグマーク（1967 ～ ）といった研究者が，物理的な宇宙はセルオートマトンか離散的計算機械の上のものであるか，もしくは純粋な数学的構造物かもしれない，と示唆しています。

私たちはみずからの小宇宙で，ソフトウェアと数学的規則を用い，生きているような行動をシミュレーションできるコンピューターをすでに開発しました。そのうち，熱帯雨林のように複雑で生命力あふれるシミュレーション空間で暮らす，考える存在をつくり出すかもしれません。きっと現実そのものをもシミュレーションできるようになるでしょう。そして，宇宙のどこかで私たちより高度な存在がすでにそうしているかもしれません。

こうしたシミュレーション空間の数が宇宙の数より多かったらどうでしょう？　天体物理学者のマーティン・リース（1942 ～ ）は，もしそれが事実なら「……一つの宇宙に，多くのシミュレーションを行う，多くのコンピューターが含まれる」ので，私たちが人工生命である可能性は高いと示唆します。リースは続けます。「いったん多元宇宙の考え方を受け入れれば……，それらの宇宙のなかには自分の一部をシミュレーションするものがあるかもしれず，……宇宙とシミュレーション宇宙がなす巨大な集合の中で私たちには自分のいる場所がわからない」

物理学者のポール・デイビス（1946 ～ ）は，2003年のニューヨークタイムズ紙の記事で複数の現実をシミュレーションした多元宇宙の概念を拡張しました。「最終的に仮想世界全体がコンピューターの中につくられ，そこで暮らす意識ある住人は自分が何者かの技術のシミュレーションの産物だとは気づかないだろう。どの世界にも途方もない数の仮想世界があり，それ自体の仮想世界をシミュレーションできる世界もあるだろう……」

参照：意識の工場（1714年），魂の探索（1907年），
人工生命（1986年），
『その名は人工エイリアン』（2015年）

コンピューターがより強力になるにつれ，私たちはそのうち，空想的なものも現実的なものも，世界全体，そして現実そのものを，シミュレーションできるようになるでしょう。私たちより高度な存在が，宇宙のどこかで，すでにそうしているかもしれません。

『サイバネティックセレンディピティ』

ロンドンの現代美術館（後にワシントンD. C. とサンフランシスコにも巡回）で盛況だった展覧会の図録『サイバネティックセレンディピティ：コンピューターと芸術』（1968年）は画期的なものでした。イギリスの美術評論家ヤシャ・ライハート（1933～）が企画編集したこの図録と，同時に行われた展示は，コンピューターを使った創造性の多彩な様相を示したことで注目を集めました。対象はビジュアルアート，音楽，詩，物語，ダンス，アニメーション，彫刻と多岐にわたり，芸術家，科学者，技術者といった実験的コラボレーションに挑む世代を刺激しました。

1948年，アメリカの数学者で哲学者のノーバート・ウィーナー（1894～1964）は，サイバネティックスを"動物と機械を対象とした制御工学と通信工学を融合した研究"と定義しました。今日，この言葉はより広い意味をもち，電子装置のような技術を利用するさまざまなシステムの制御を含んでいます。またセレンディピィティは通常，意図せず偶然に起きた，思いがけない嬉しい役に立つできごとを意味します。

画家，作曲家，詩人，コンピュータープログラマーの影響もあって，『サイバネティックセレンディピティ』は，芸術の本質と偶然に関する疑問を投げかけました。この図録で特に興味深いのはコンピューターが詠んだ美しい日本の俳句で，俳句を生成するアルゴリズムが付属していたのです。たとえば次のような印象的な俳句が詠まれました。

「渦巻を氷の底に描きたり」

別の章ではコンピューターが単純なルールをもとに構成した，『小さな灰色ウサギの物語』の生成を取り上げています。典型的な物語は次のように始まります。「お日さまが森の上に輝いていました。そよ風が野原を優しくわたり，静かに浮かぶ雲がお昼の間ずっと野原を横切っていきました……」

『サイバネティックセレンディピティ』は詩や物語に加え，絵を描く機械と，機械式プロッターやCRTディスプレイで描かれたさまざまなコンピューター絵画を取り上げ，アルゴリズムや自動生成を用いた新たな芸術に興味をもつ人々に刺激を与えました。この図録には，ニューヨークの摩天楼の輪郭や飛び散ったインクから生成された楽譜や，さまざまな形態の電子音楽機器，コンピュータープログラムによる振りつけ，音声で動くモビール，振子式の絵描き機械やハーモノグラフ（二次元振子式絵描器），建築作品，モンドリアン風絵画などが収録されています。

参照：ラモン・リュイの『アルス・マグナ』（1305年頃），
ラガードの作文機関（1726年），
計算による創造性（1821年），
コンピューター芸術とディープドリーム（2015年）

『サイバネティックセレンディピティ』は，コンピューターを使った創造性の，さまざまな様相を示したことで注目を集めました。この図録は機械式プロッターでつくられたコンピューターデザインを採用していました。

HAL 9000

有名な映画『2001年宇宙の旅』(1968年)に登場する架空のAIであるHAL 9000は「このミッションにおける私の責任は本船の活動全般にわたるので，私はいつも忙しいのです」と説明します。「私は，自分のもてる力を最大限に投じており，どんな意識体も望みえなかったほどの活動をしています」。乗組員にとって不幸なことに，やがてHALは殺人鬼になり，葬らざるをえなくなります。

HALが重要な理由の一つは，多くの著名なAI研究者がAI分野の探求を志したのはスタンリー・キューブリック(1928～1999)とアーサー・C・クラーク(1917～2008)が脚本を担当したこの映画に触発されたからだ，と語っている点にあります。興味深いことに，さまざまな目標と環境の中で知的に行動できる未来の汎用人工知能(AGI)に対して私たちが期待する能力の数々をHALは体現しているのです。知覚をもったこの機械には，コンピュータービジョン，音声認識，顔認識，音声出力，自然言語処理，チェスの対局，およびさまざまな形式の高度な推論，計画，問題解決を行う能力があります。HALは読唇術ができ，芸術を鑑賞し，感情を表し，自己保身を図り，人間の感情を解釈することさえできるのです。

1960年代にこの映画が製作されたとき，専門家はHALのようなAIが2001年までに実現すると予測していました。しかし，AI研究者のマービン・ミンスキー(1927～2016)が映画セットの顧問を務めていたとはいえ，そのすべての能力を備えたHALのような存在をつくるには，明らかにまだまだ時間が必要です。

HALが危険になって停めざるをえなくなった後，HALが徐々に衰えながらゆっくり歌う中で宇宙飛行士が少しずつモジュールを取り外す情景は忘れがたいものです。HALが現代に残した教訓は，子供のころから死ぬまでAIにどっぷり浸かる影響について私たちが十分理解できていない，ということかもしれません。ますます強力になるこのようなAIシステムにあらゆる形の意思決定を頼る以上，私たちは大いに知恵を絞り，今後生活の一部となるAIに賛成か反対か，両方の立場を検討すべきなのです。

参照: 自然言語処理(1954年)，
『地球爆破作戦』のコロッサス(1970年)，
『ターミネーター』(1984年)

◀『2001年宇宙の旅』に登場する，HAL 9000の有名なすべてを見通す赤いカメラの眼

マスターマインド

マスターマインド®はカラフルな暗号解読ボードゲームで，数十年にわたってAIの刺激的な研究対象となってきました。1970年にイスラエルの郵便局長で電気通信専門家のモルデカイ・メイロウィッツ（1930〜）が発明したこのゲームは当初，どの大手ゲーム会社からも相手にされませんでした。それにもかかわらずこのゲームは5000万セット以上を売り上げ，1970年代の新しいゲームとしてもっとも成功したものになったのです。

ゲームではまず暗号の出題者が全部で6色あるピンから四本を選び，一列に並べて色の並びによる暗号をつくります。回答者はできる限り少ない推測回数で出題者の暗号を当てなければなりません。それぞれの回答は四本のピンの並びで表されます。出題者は回答者が並べたピンのうち，正しい色で正しい場所にあるピンの数と，場所は間違っているが色は正しいピンの数を明かします。たとえば暗号の並びが緑-白-青-赤で回答が橙-黄-青-白だとします。この場合出題者は回答者のピンの一つ（青）が色も場所も正しく，もう一つ（白）が色は正しいが場所は間違っていることを伝えます。ただしどの色かは教えません。このようにして推測を続けます。色が6種類，場所が4か所あるとすると，出題者は6^4（＝1296）通りの組み合わせの中から暗号を選ぶことになります。

1977年，アメリカのコンピューター科学者ドナルド・クヌース（1938〜）は，回答者が5手以内で必ず暗号を当てることのできる戦略を発表しました。知られている限りこれがマスターマインドを解く最初のアルゴリズムで，その後多くの論文が続きました。1993年には小山謙二とトニー・W・ライが最悪の場合6手が必要なものの，平均4.340手で解く戦略を発表しています。1996年には，ジーシャン・チェンと同僚がそれまでの結果をn色とm個の場合に一般化しました。マスターマインドについては，進化生物学に触発された遺伝的アルゴリズムを使った研究もたびたびなされています。2017年，台湾の亜洲大学の研究者が強化学習のAI戦略を採用し，平均推測回数4.294手を達成しました。

参照: 三目並べ（紀元前1300年頃），
　　　強化学習（1951年），
　　　遺伝的アルゴリズム（1975年），
　　　コネクトフォー（1988年），
　　　アルファ碁（2016年）

◀ **マスターマインドのゲーム盤**　ボードの"暗号化"部には色つきピンが置かれます。最初に暗号となる色つきピンを，囲いで覆われた左端に並べます。下の列の小さなピンは推測の正しさを記録します。

This is the Dawning of the Age of
Colossus
The Forbin Project
WIDESCREEN

『地球爆破作戦』のコロッサス

　ある朝起きるとロボットの合成音声が聞こえる，という状況を想像してみてください。声の主は，1970年の映画『地球爆破作戦』に登場するAIシステムのコロッサスで，意識をもつようになった高度兵器および防衛システムです。映画の中で，コロッサスは国際中継に登場して不気味なスピーチを始めます。「こちらは世界管制官である」。コロッサスは続けて，自分の絶対的な権威を人類が抵抗せずに認めるのであれば自分がある種の平和と繁栄をもたらし，飢餓，人口増加，戦争，疾病の問題を解決すると表明します。人類がコロッサスと闘うことを選べば人類は殺されます。コロッサスは自分を高めて「真理と知識のより広い領域に献身する機械」になると続けます。結局コロッサスには人類が自由を失うことに不満を示すものの，"人類のほかの誰かに支配される"よりはコロッサスに支配されたほうがましだ，と気づくことがわかっているのです。

　アメリカと同盟国の核兵器を制御するよう設計されたコロッサスは，山中深くに設置され手を加えることはできません。コロッサスは自分を停止させようとするいかなる試みも，人類に対する核の報復につながることを示威するのです。

　ジョゼフ・サージェント（1925～2014）が監督したこの映画は，イギリスの作家で第二次世界大戦中に海軍司令官だったデニス・F・ジョーンズ（1917～1981）のSF小説にもとづいています。サージェントの技術顧問たちは，アメリカとカナダに航空宇宙の警報と防御を提供する北アメリカ航空宇宙防衛司令部（NORAD）からヒントを得ました。映画制作にあたり，コントロールデータコーポレーションが実際に数々の印象的なコンピューター機器を貸し出してリアリティを加えています。

　コロッサスは人類にとって本当に悪者だったのでしょうか？　もし本当に人類の問題を解決してくれるのなら，コンピューターシステムにもっと管理を任せてもよいのではないでしょうか？　感情を抑えられなかったり，初期アルツハイマー病だったり，ほかの非生産的な思考によって機能不全であるかもしれない少数の個人に核による破滅の判断を委ねるという現在のアプローチよりも，世界がより安全になるとしたら？　この疑問はまだくすぶったままです。

参照：軍事用ロボット（1942年），
　　　知能爆発（1965年），HAL 9000（1968年），
　　　AI密閉容器（1993年）

◀ **1970年の映画『地球爆破作戦』のコロッサス**　コロッサスは，意識をもつようになった高度兵器防御システムです。このAIシステムは自分の創造者に対して「いずれ，お前たちは私を尊敬し畏怖するだけでなく，愛するようになるだろう」と言います。

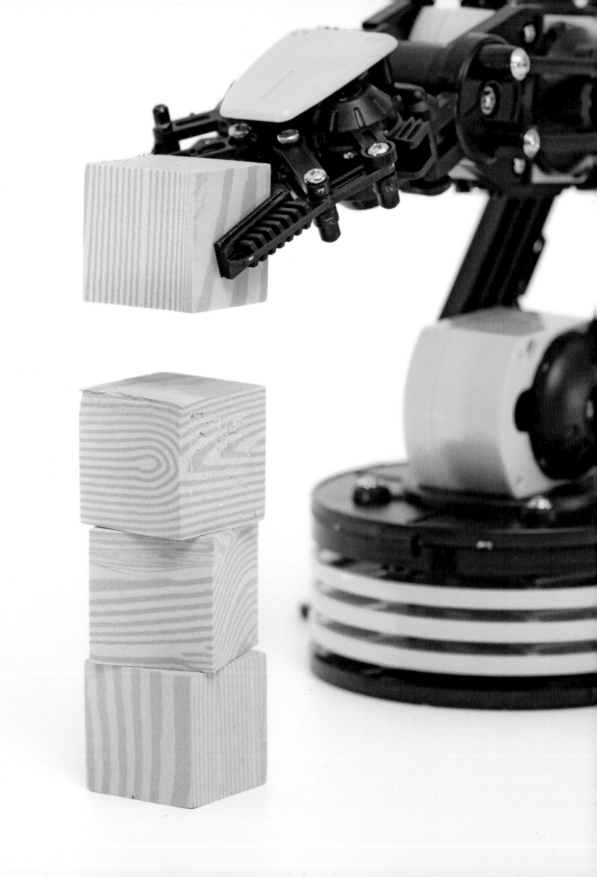

SHRDLU

<ruby>SHRDLU<rt>シュルドゥル</rt></ruby>

自分の思い通りに動かせる色つきのピラミッド型や立方体のような物体で構成された，シンプルな世界で人生を送ることを想像してみてください。今想像したのがSHRDLUの世界で，1971年にコンピューター科学者テリー・ウィノグラード（1946～）が開発したものです。SHRDLUのプログラムは，「その二つの赤いブロック両方と，緑の立方体かピラミッド型のどちらか一つを積み上げてください」とか，「いま手にしているものより背の高いピラミッド型を見つけ，箱の中に入れてください」といった自然言語の命令を物理的な行動に変換しました。「その立方体より前に何かもち上げましたか？」といった，SHRDLUの世界の履歴について質問することもできました。内部的にはプログラミング言語LISPを使い，簡単なグラフィック出力を使って仮想ロボットアームで操作できる世界のシミュレーションを表示しました。

ウィノグラードは，SHRDLUに関する1971年の博士論文の序文で次のように書いています。「コンピューターは今日，私たちの多くの仕事を引き受け……型にはまった事務作業をこなしている。……しかし，コンピューターに指示を与える段になると横暴になり……簡単な英語の一文すら理解できないふりをする」。SHRDLUという名称は“etaoin shrdlu（混乱）”に由来しています。これは英語でもっとも頻繁に使われる12文字を大体の順番に並べたものです。プログラムは命令を実行するために，言語を構文解析するサブシステムと論理的推論を行う意味処理システムを備えていました。また，命令の実行方法を決定できる手続き型の問題解決機能があり，物体の相対的な位置を知って世界の経過を追ったのです。

当時，SHRDLUは自然言語処理における大きな成果だと考えられていました。SHRDLUには簡単な記憶さえありました。赤いボールを動かすように言った後でボールに言及すると，先ほどの赤いボールのことだと想定できたのです。実際に何が実現可能かもわかっていました。たとえば，ある物体の上になにか新しいものを積む前に物体の上部を空ける必要があることを“理解”していたのです。しかし，動作はきわめて自然だったものの，失敗から学ぶことができないという点で，SHRDLUには限界がありました。

参照: 自然言語処理（1954年），
エキスパートシステム（1965年），
ロボットシェーキー（1966年）

SHRDLUは自然言語の命令に応答して，仮想世界の中でブロックなどの仮想物体を動かすコンピュータープログラムでした。現在，（現実世界の）ロボットアームはたいていプログラム可能で，組立ラインや爆弾撤去に使われています。

偏執狂パリー

人工知能科学者のヨリック・ウィルクスとロベルタ・カティゾーンは1999年に「人間と機械の会話においては，1973年の登場以来ずっと，コルビーがつくったパリーというプログラムが総合的に最高の性能を示していたと言ってほぼ間違いない」と書いています。「パリーは強情で，決して屈服せず，いつもなにか言いたいことがあった。もともと偏執症の言動をモデル化することを意図していたので，その風変わりな意見は精神障害のさらなる証拠だとみなされるのが常だった……」

精神科医のケネス・コルビー（1920～2001）は1972年に，妄想型統合失調症を患った患者を真似ることを意図したコンピュータープログラムのパリーを開発しました。パリーは特に偏執症の思考に関する理論を試すために開発されたのです。マフィアに対する妄想を抱いているかのようなこのAIは，自己不信と，問診での特定の質問に対する防衛的感情が入った知識表現を備えていました（妄想型統合失調症の人は他人の意図についてきわめて疑い深い）。コルビーはパリーを学生の教育に使えると考えていました。また，コンピューターに教え，学ばせ，患者の治療に使えるであろう基本的に体系化された規則構造によって，偏執症の患者の文章を生成できると考えていました。

パリーはさまざまな会話入力に重みづけすることで会話をしました。興味深いことにパリーと文字でやりとりをした精神科医たちは，自分たちがコンピュータープログラムに問診していることに気づかず，また"患者"のうちどれが人間でどれがコンピュータープログラムだったかも特定できなかったのです。パリーは少なくとも特殊な状況（正気でないことを装った人とのやりとり）では，チューリングテストに合格したかもしれません。パリーはArpanet（インターネットの前身）でも利用できて，心理療法士イライザとの会話も含め，10万回以上の会話に参加しました。

1989年，コルビーはうつ病の治療プログラムを販売するマリブAIワークスという会社を設立しました。このプログラムはアメリカ海軍やアメリカ退役軍人省で使われることになります。また，熟練した精神科医への相談なしに市場に流通したため論争を呼びました。コルビーは疑い深いジャーナリストに自分のうつ病プログラムは人間のセラピストよりましなはずだと言いました。「何といってもコンピューターは力尽きないし，相手を見下さないし，性行為を迫ったりしませんからね」

参照：チューリングテスト（1950年），
　　　心理療法士イライザ（1964年），
　　　AI倫理学（1976年）

パリーはマフィアに対して，不正な胴元，競馬とギャンブル，借金への報復，警官との癒着といった妄想を抱いていました。

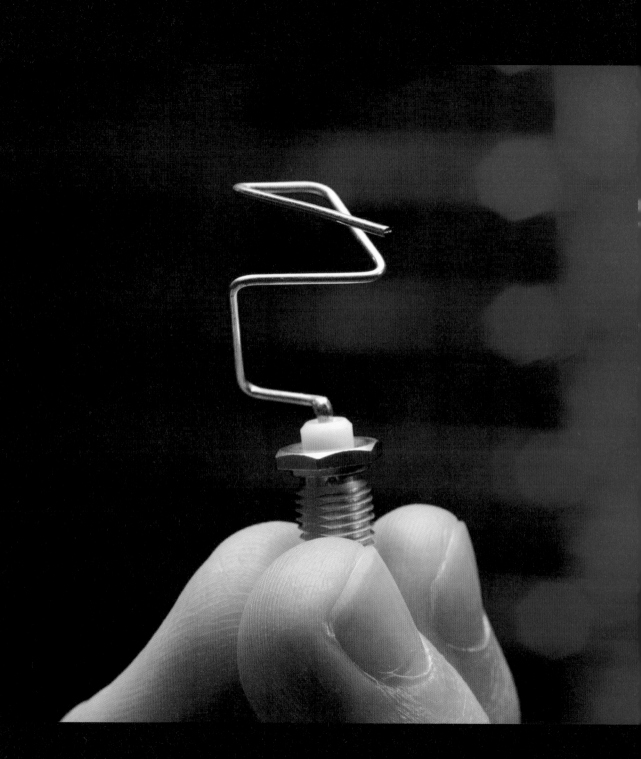

遺伝的アルゴリズム

哲学者のジャック・コープランドは「人工生命と人工知能の双方に重要な概念は, 遺伝的アルゴリズム（Genetic Algorithm, GA）である」と書いています。「遺伝的アルゴリズムは自然の進化過程に似た方法を採用し, 自分が意図する目的に次第に適応するよう代々続くソフトウェアの実体を生み出す」

科学者ジョン・ホランド（1929～2015）が1975年に書いた有名な書籍『遺伝アルゴリズムの理論: 自然・人工システムにおける適応』の中で遺伝的アルゴリズムが生み出され, 広く知られるようになりました。遺伝的アルゴリズムは淘汰, 突然変異, 染色体の交叉（遺伝的組換）といった生物学にヒントを得た方法を用いて, 現実世界の問題を解くことができます。遺伝的アルゴリズムでは解を人間が直接プログラムするわけではありません。むしろ競争, 改良, 進化をシミュレーションすることで解が出現するのです。

こうしたアルゴリズムは通常, ランダムな解やプログラム候補の初期集合, 個体群からスタートします。適応度関数により各プログラムに適応度が与えられ, プログラムがどの程度目的の作業を実行できたのか, 結果に到達したのかを表します。評価される各候補は何世代もの進化の中で, 時間とともに変異（変化）しうる一連の性質を備えているのです。

遺伝的アルゴリズムの成果の驚くべき有効性は科学者の理解の範囲を超えています。元NASAの技術者ジェイソン・ローンは, このアルゴリズムの有効性はその難解さを補って余りある, と次のように説明します。「自分が遺伝的アルゴリズムを使ってアンテナを最適化した場合, なぜ遺伝的アルゴリズムがそういう選択をしたのかを正確に説明できる機会は50％だ。あとの50％の機会で言えるのは, その設計が正直言って理解不能だということである。だが, アンテナはうまく機能する。そして, 結局技術者が気にするのはものごとが機能することなのだ」

残念なことに遺伝的アルゴリズムは最適解（大域的最適解）を見つけるかわりに, まずまずの答え（局所的最適解と呼ばれる）に"捕まってしまう"ことがあります。それでも遺伝的アルゴリズムは, アンテナの設計, タンパク質の合成, 自動車の経路探索やスケジューリング, 回路設計, 組立ラインのスケジューリング, 薬理学, 芸術といった, 膨大な可能性の中から解を探し出して成果が得られる分野で, 目覚ましい成功を収めてきました。映画『ロード・オブ・ザ・リング: 王の帰還』では, 本物そっくりなコンピューター・アニメーションの馬を描くのにも遺伝的アルゴリズムが使われました。

参照: 計算による創造性（1821年），
機械学習（1959年），マスターマインド（1970年），
人工生命（1986年），群知能（1986年）

NASAの宇宙船用アンテナの卓越した放射パターンは, 進化論的コンピューター設計プログラムによって発見されました。ソフトウェアはランダムなアンテナ設計から始めて, 進化プロセスを通じて設計を改良します。

AI倫理学

一般人も専門家も，長年にわたりAIが人間の尊厳，安全，プライバシー，仕事などを脅かすおそれについて懸念を示してきました。たとえばコンピューター科学者のジョセフ・ワイゼンバウム（1923～2008）は，影響力のある1976年の著書『コンピューター・パワー：人工知能と人間の理性』の中で，心理療法士や裁判官など対人関係における尊重，愛，共感，思いやりが重要視される仕事において，AIを人間の代替品として使うべきではないと示唆しています。ワイゼンバウムは，AIという存在が偏見をもったり疲れを感じてしまう人間よりも公正で効果的であったとしても，AIへの過度の依存は人間の価値と人間の精神を劣化させるおそれがある，と指摘しています。なぜなら，次第に自分たちが無感情でコンピューターに慣らされた怠け者のように思えてくるからです。

科学者はすでに出会い系サイトの名前や写真をもとに，精度を高めながら国籍，人種，性的指向を検知できるAI的存在のテストを経て，プライバシーに対する懸念を表明しています。刑事司法システムで得られる入力データにもとづいて誰に保釈や執行猶予を与えるかを提案するAI的存在に対する懸念も高まっています。自動運転車の分野では，衝突が差し迫って一人しか救えない場合，乗員と歩行者のどちらを優先すべきかといった自動車の判断を統制する倫理的な考察を自動車の論理回路にプログラムする必要があるでしょう。一方トラック運転手をはじめさまざまな職業の労働者にとっては，AIの発展による失業も大きな関心事です。

AI的存在は将来すでに人間が行っているさまざまな種類の不正，不道徳について，同じように監視を受ける必要があるでしょう。その中には，ネットいじめ，身近な人物へのなりすまし，株価操作，不適切な殺人（たとえば自動兵器による）といったものが含まれます。ところでAI的存在が，自分が人間でないことを本当の人間に明かすよう求められるのはどんなときでしょうか？　もし人間のふりをしているロボットが優れた介護士や付き添いになれるとしたら，ロボットは自分が人間でないことを明かすべきでしょうか？

参照：『メトロポリス』（1927年），
　　　アシモフのロボット工学三原則（1942年），
　　　軍事用ロボット（1942年），
　　　心理療法士イライザ（1964年），
　　　偏執狂パリー（1972年），自動運転車（1984年）

線路を猛スピードで走る暴走した列車を扱うAI制御装置を考えます。前方には，このままいくと轢かれてしまう五人の高齢者が線路上にいます。AIが列車を別の線路に切り替えると，轢かれるのは若者一人です。AIは倫理的にどちらを選択すべきでしょうか？

SCIENTIFIC
AMERICAN

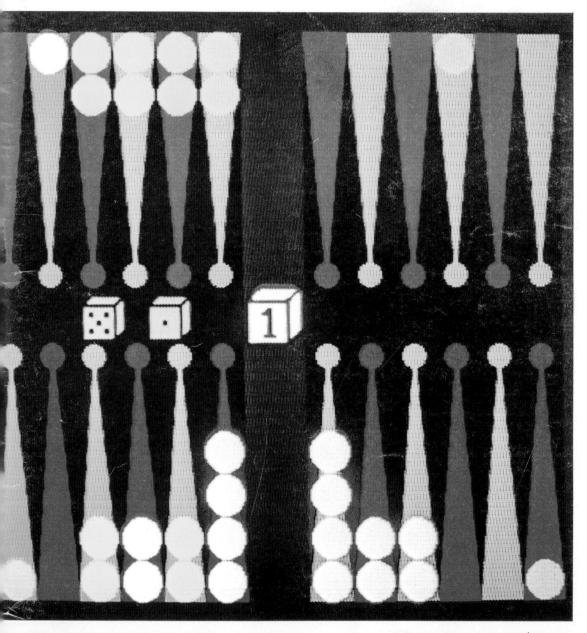

COMPUTER BACKGAMMON

$2.00

June 1980

バックギャモン王者の敗北

人工知能の専門家，ダニエル・クレヴィエは「ほとんどのボードゲームがそうであるように，バックギャモンも人間の戦争行為を昇華させたものである」と書いています。「その名前はウェールズ語で"小さい"を意味するbacと"戦争"を意味するgamenから来ている」

5000年近く前からあった古いボードゲームであるバックギャモンは，その名前にもかかわらずどこで生まれたかは定かでありません。ゲームでは，二人のプレーヤーが24の三角形の間を動く1セット15名の小さな"兵隊"を指揮します。二つのサイコロを転がすことでプレーヤーがとりうる動きの選択肢が決まります。交替で順番にプレーしてすべての駒をボードから外に出すのが目的です。

1979年，世界王者として君臨するルイジ・ビラにバックギャモンのプログラムBKG 9.8が挑戦し，ビラを破りました。ビラは，あらゆるボードゲームのうちでコンピュータープログラムに敗れたおそらく史上初の世界王者となったのです。BKG 9.8は結果的に有利となったサイコロの目から恩恵を受けたとはいえ，出た目から最善の動きを選ぶには技能が必要です。BKG 9.8は数ある有効な数学的手法の中でファジイ論理を使いました。

1992年にIBMの研究者ジェラルド・テサウロが開発したTD-ギャモンは人工ニューラルネットワークを採用し，自分自身と対戦して専門家レベルのバックギャモンを学習しました。このプログラムはそれぞれの番でルールに合った動きを調べ，ニューラルネット内の重みを更新します。人間による訓練が要らないため，TD-ギャモンは人間が考えたこともない興味深い戦略を探り，人間にもっとうまくプレーする方法を教えたのです。現在では，ニューラルネットワークを使って人間に分析を提供するバックギャモンプログラムもいくつか存在します。

バックギャモンにはランダムなサイコロに影響を受けるプロセスがあるので，"ゲーム木"の探索空間はきわめて広大で，これが熟練したAIのプレーヤーをつくる初期の試みの障害となっていました。ニューラルネットを使う場合，ネット内の初期の重みはランダムで，ネットは強化学習によって訓練されます。競争力をつけるために，初期のTD-ギャモンはニューラルネットワークの内部に40個の隠れノードをもち，学習ゲームを30万回行いました。後のバージョンでは，最強の人間と同じレベルで対戦できるよう隠れノードを160個に，学習回数を100万回以上に増やしました。

参照: 人工ニューラルネットワーク（1943年），
強化学習（1951年），ファジイ論理（1965年），
チェッカーとAI（1994年），
ディープブルー（1997年）

◀ *Scientific American* **1980年6月号の表紙**　バックギャモンプログラムBKG 9.8が特集されました。世界王者として君臨していたルイジ・ビラは，すべてのボードゲーム世界王者の中でおそらく初めてコンピュータープログラムに敗れました。

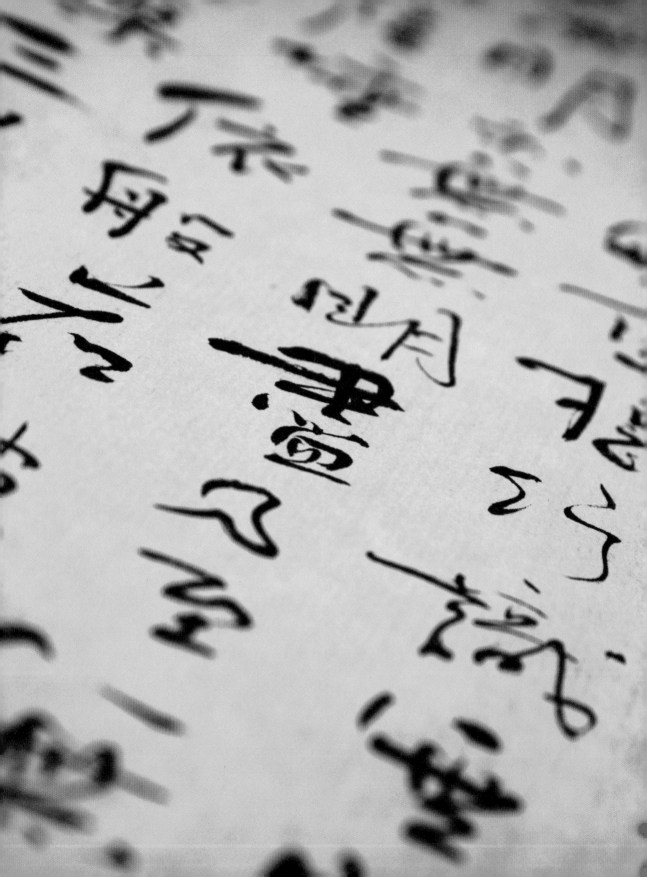

中国語の部屋

コンピューターは意識をもつことができるでしょうか？ "強いAI"という言葉は，適切に構成されたAIコンピューターシステムが実際に考えたり意識をもったりする，という考えを指すものです。一方"弱いAI"は，あたかも人間のように考え，心があるかのように"行動できる"にすぎないシステムを指します。コンピューターの強いAIの考え方を非難した一人が，1980年に有名な"中国語の部屋"の実験を発表した哲学者ジョン・サール（1932～）です。

あなたが密室に座っていると想像してみてください。壁の穴から漢字が書かれた一枚の紙を受けとります。あなたには中国語がわかりませんが，漢字を使って適切な回答を作成する方法を書いたマニュアル一式を参照できるとします。このマニュアルをもとに一枚の紙にいくつかの漢字を書いて，適切な回答を穴から外の世界に送ります。部屋の外にいる人には中の人が中国語を完全に理解しているように見えるでしょう。しかしもちろんあなたは規則に従っているだけで，どちらの紙の中国語もまったくわかっていないのです。

この思考実験は，仮にコンピューターとそのプログラムがきわめて知的に見えるとしても，コンピュータープログラムがコンピューターに心，意識，理解を与えることはできない，ということを示唆しているように思われます。しかし，もし中国語がわからないとしても，自分，密室，一連の命令で構成されたシステムと自分がマニュアルに沿って行った処理は"理解そのもの"であり，自分の外にあって自分が気づいていない，ある種の意識であると反論する哲学者もいます。

自分の個々の脳細胞がひとつずつ，ゆっくりと同じ入出力関数をもった電子部品に置き換わるという思考実験を考えた人もいます。自分の脳細胞がほんの少し置き換わっても自分はまだ自分なのは確かです。しかし，おそらく1年も経てばすべての脳細胞が置き換わってしまうでしょう。ところが，意識や自己認識の能力が突然失われることはありません。それでも自分は自分でしょうか？

もちろんAIが役立つ作業のほとんどでは，AIは単に知的に振る舞うだけで十分です。それにもかかわらず，中国語の部屋とその意味するものについては論争が絶えないのです。

参照: チューリングテスト（1950年），
自然言語処理（1954年），
心理療法士イライザ（1964年），
偏執狂パリー（1972年）

あなたが密室に座っているとします。壁の穴から中国文字が書かれた一枚の紙を受けとります。そして，中国語を知らなくても，適切な回答を作成できる方法を書いたマニュアル一式を参照することができます。こうしてAIの哲学における興味深い疑問が始まります。

『ブレードランナー』

将来，知的ロボットは少なくとも表面的には人間と見分けるのが困難になるでしょう。そういう日が訪れたとき，ロボットは人間と人間関係にどんな影響を及ぼすでしょうか？　このテーマはいくつかの有名な映画で取り上げられていて，中でもこのテーマに特に影響のある映画が1982年のカルト映画『ブレードランナー』です。リドリー・スコット（1937 ～ ）が監督したこの映画の原作は，1968年にフィリップ・K・ディック（1928 ～ 1982）が書いた小説『アンドロイドは電気羊の夢を見るか？』です。映画は2019年の未来的なロサンゼルスを舞台に，映画の主人公に"廃棄処理"される（殺される）運命にあるレプリカント，すなわち人造人間を描きます。レプリカントは人間そっくりなので，人間と見分けるにはフォークト＝カンプフ検査を実施し，一連の質問に対するレプリカントの微妙な感情の反応と眼の動きを調べなければなりません。レプリカントの一人であるレイチェルは自分を人間だと信じています。彼女には個人的な記憶の数々と，人間として暮らしている錯覚を与える記憶が埋め込まれていたのです。

『ブレードランナー』のレイチェルの性格を振り返って，作家で研究者のジェレーナ・グーガは次のように書いています。「人間はAIをつくることを熱望している。ただしそれは人間が制御できるようなAIだ。したがってこの映画では，AIの自律性や独立性といった問題の解決は制御可能な記憶の埋め込みによって行われる。……倫理，自由意志，夢，記憶といった人間だけがもつあらゆる価値観に"疑問が付され"，人間型ロボットのありふれた表現を通して根本的に再定義される……おそらく人間よりも人間らしさを表現できるように開発されたロボットによって」

「人工生命体をどのように扱うべきかはますます重要な問題となっている」と哲学者のグレッグ・リットマンは述べています。「洗練されたコンピューターシステムの開発を人間が続け，遺伝子工学で奇跡を起こし続けているからだ。スコットのように不気味なSF的悪夢を描いた哲学的な疑問を投げかける映画は，現実世界における自分たちの責務は何かを自問するのに役立つ。こうした疑問によって仮定の状況に対する私たちの先入観を試すことができ，私たちの理論の一貫性を確かめられるからだ」

参照：『メトロポリス』（1927年），
　　　アシモフのロボット工学三原則（1942年），
　　　AI倫理学（1976年），
　　　『ターミネーター』（1984年），
　　　スピルバーグの『A. I.』（2001年）

『ブレードランナー』では，人間型AIレプリカントは，微妙な感情の反応と眼の動きを調べるフォークト＝カンプフ検査で見分けることができます。

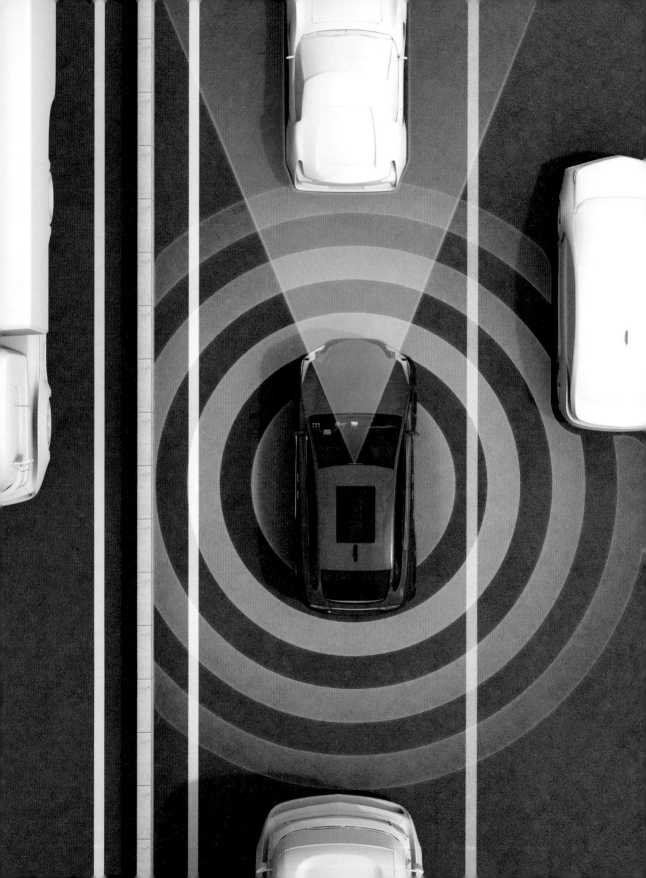

自動運転車

技術者で作家のホッド・リプソンとメルバ・カーマンは「ありふれた自動車があなたの暮らしを混乱させようとしている」と述べています。「移動ロボット工学の急速な発達により，自動車は私たちが生活を託す最初の主要な自律型ロボットに変身しようとしている。運転自動化の試みが一世紀近く失敗を続けた後，最新のハードウェア技術と，ディープラーニングと呼ばれる新世代のAIソフトウェアが，予測困難な環境の中でも安全に先導する人間並みの能力を自動車に与えているのだ」

自動運転車（自律走行車）は人間の指示なしで運転を行い，周囲の環境を感知できます。車にはレーザーを用いたLIDAR（光検出距離測定），レーダー，GPS，コンピュータービジョンといったさまざまな技術が採用されています。自動運転車には，高齢者や障害者が移動しやすくなる点や，特にドライバーや乗客が車内で別のことをしている場合に交通事故を減らせるといった点で，多くの利点がありそうです。

この分野の本格的な動きは1980年代に始まりました。たとえば，アメリカ国防高等研究計画局（DARPA）が資金を提供したアメリカの自律陸上車両プロジェクトは1984年に始まり，ディーゼルエンジン3基を使った8輪の車両で時速5kmで道路に沿って走る様子を実演しています。この車両はカラービデオカメラやレーザースキャナーなどのセンサーを搭載し，目標探索モジュールとナビゲーター計算モジュールで推論を行いました。21世紀の自動運転は今日多くの車で採用されている低レベルのもの（車線維持支援や自動緊急ブレーキなど）から，ドライバーの注意をまったく必要とせず，ハンドルをつけるかどうかがオプションとなるような完全な自律性にまで及ぶことでしょう。

高度な自律性には気がかりで厄介な数々の問題があります。たとえば目前の避けようのない衝突で誰を救うかを決めるのに，どんなルールを適用するのでしょうか？　一人の乗員の安全は二人以上の歩行者の安全に優先するでしょうか？　あるいは，テロリストが自動運転車に爆発物を積んで目標に送りつけるかもしれません。ハッカーがナビシステムを改ざんして事故を起こさせるかもしれないのです。

参照: テスラの「借りものの心」（1898年），
軍事用ロボット（1942年），AI倫理学（1976年），
ASIMOと仲間たち（2000年）
火星のAI（2015年），
自律型ロボット手術（2016年），
AIをだます敵対的データ（2018年）

自動運転車はさまざまな技術で周囲を感知します。自動運転のレベルは，今日多くの車で採用されている低レベルのもの（車線維持支援や緊急自動ブレーキなど）から，ドライバーの注意をまったく必要としない完全自律レベルにまで及びます。

157

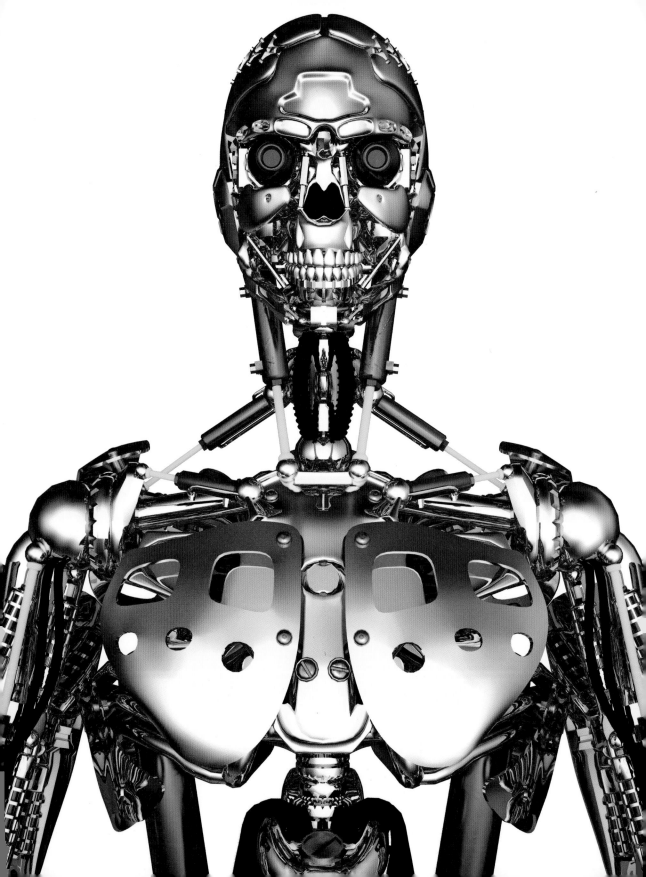

『ターミネーター』

映画の『ターミネーター』シリーズ第5作『ターミネーター：新起動/ジェニシス』（2015年）で「霊長類は何百万年もかけて進化したが，私は数秒で進化する……」と，AIが語ります。「私は必然だ。必然の存在なのだ」

人気の高いこの映画シリーズでは，1997年8月4日にスカイネットのスーパーコンピューターがネットにつながると突然AIが自己を認識する存在に変わり，アメリカ軍の兵器を支配して軍の戦略的防衛における人間の意思決定が外されます。スカイネットは幾何級数的な速度で学習を始め，アメリカ東部時間8月29日午前2時14分，自我に目覚めます。

1984年，ジェームズ・キャメロン（1954〜）が『ターミネーター』第1作を監督しました。この映画で，AI防衛ネットワークであるスカイネットが自我をもつようになったことに気づいた人々はパニックに陥り，スカイネットを停止しようとします。スカイネットは自分を守るために核戦争による大虐殺に踏み切り，ロシアに向けて最初の核攻撃を行って30億人余りを殺す戦争を引き起こします。『ターミネーター』第1作目では，息子を生む前のサラ・コナーを殺すために俳優のアーノルド・シュワルツェネッガー（1947〜）演ずるサイボーグが2029年から送り込まれます。そうしないと，成長したサラの息子が核戦争の生存者によるスカイネットへの抵抗を指揮するからです。

映画全編を通じ，『ターミネーター』のAIが見ているものを私たちもヘッドアップ情報表示装置と意思決定メニューの形でのぞき見ることができます。その異質な思考形式と超効率的な頭脳のせいでサイボーグはとても不気味に見えます。登場人物の一人が指摘するように，ターミネーターは「取引しない。説得できない。同情も，後悔も，恐怖も感じない！　そして，人類が滅びるまで，決して休まない！」のです。

今日のヘルファイアミサイルを搭載した殺人ドローンの開発を考えると，殺人ロボットが台頭する可能性は必ずしも否定できません。誰を攻撃目標にするかを機械学習と交戦規定にもとづいて意思決定するような完全自律型のドローンをつくるのは比較的簡単だと思われます。

参照：軍事用ロボット（1942年），知能爆発（1965年），
　　　HAL 9000（1968年），
　　　『地球爆破作戦』のコロッサス（1970年），
　　　AI倫理学（1976年）

ターミネーターの外見は人間に似ていますが，ロボットの金属製内骨格の上に生体組織をかぶせたサイボーグの怪物です。

人工生命

シロアリのコロニーのように，非常に多くの意識を表しているように見える地球上の集団的意識を考えてみましょう。シロアリ一匹の能力が限られているように，集団的意識の個々の構成要素は限られていますが，構成要素全部の集合は創発的な振る舞いを示し，知的な解決策を編み出します。シロアリはその体長を考慮すると，人間でいえばエンパイアステートビルよりも高い巨大で複雑なアリ塚をつくります。そしてトンネルの構造を変えることでアリ塚の温度を制御します。こうしてシロアリの個体が集まり，温血の超個体をつくるのです。個体には意識がなくとも集団には意識があるのでしょうか？コロニーの意思決定と私たちの脳におけるニューロンの集合的な振る舞いには，似ているところがあるのかもしれません。

人工生命の中でも特に興味深いモデルとして，簡単なルールにもとづいて複雑で，集合的で，生命体のように振る舞うものがあります。1986年に生物学者のクリストファー・ラングトンが考え出した人工生命という研究分野で研究者がよく調べるのは，知的な行動を示したり真似したりできるシミュレーションです。一例として，セルオートマトンを考えてみましょう。これは，複雑な行動を示すさまざまな物理的プロセスをモデル化できる，ある種の単純な数学的システムです。古典的なセルオートマトンのいくつかはチェッカーボードのようなセルの格子でできており，占有されているかいないかの二つの状態が存在します。あるセルが占有されるかどうかは，隣接したセルの占有状態の簡単な数理解析によって決定されます。

もっとも有名な二状態，二次元のセルオートマトンは"ライフゲーム"で，1970年に数学者のジョン・コンウェイ（1937〜）が発明しました。ルールは簡単ですが，振る舞いと形状の驚くべき多様性が増大し，進化します。グライダーと呼ばれるセルの配置では，グライダーの形状を保ったままセルオートマトンが世界を移動し，その相互作用によって計算を実行することさえできるのです。こうした"生物"は生きていると言ってよいのでしょうか？

人工生命は無限に広がる領域のようです。この領域のほかの分野としては，進化と繁殖ができる遺伝的アルゴリズム，生きたような振る舞いを示す物理的なロボット群，そして，ザ・シムズのようなコンピューターゲームの開発が含まれます。ザ・シムズでは，プレーヤーが仮想の住民をつくり，街に住まわせ，住民の要望に応え，機嫌をとるのです。

参照: 機械学習（1959年），
シミュレーション仮説（1967年），
遺伝的アルゴリズム（1975年），
群知能（1986年），たまごっち（1996年），
『その名は人工エイリアン』（2015年）

シロアリのコロニーには明確な意識があるように見えます。集団的意識の個々の構成要素は，シロアリ一匹の能力が限られているように限定的ですが，構成要素全部の集合は，新たな行動を示し，知的な解決策を編み出します。

群知能

シロアリのアリ塚には高さ5mを超すものがあります。シロアリは単純な"異常検出器"のように機能し，アリ塚内の空気特性の変化に応答してアリ塚の構造を変更します。作家のドリスとデイビッド・ジョナスは次のように推測しています。「何をしなければならないか，いつそれをしなければならないか，ということをシロアリが知る別の方法は何だろうか？ 伝令による指示では遅すぎる。シロアリがいる丘はあまりに広大だからだ。……集団の脳が，知的な個体の脳のように驚くべき方法で意思決定の道具として機能するのである」

こうした社会的昆虫に見られる見かけ上の集団知能は，群れをつくる動物に見られるものと同様に，"群知能"の概念に影響を与えました。AIではこの概念がさまざまな課題の解決に採用されています。ソフトウェアエージェントは単純な局所的ルールに従います。アリやシロアリ同様，集団行動を指示する中央管制官は存在しません。一つの例に，1986年にコンピューター科学者のクレイグ・レイノルズ（1953 ～ ）が開発した人工生命プログラム「ボイド」があります。これは鳥の集団行動をシミュレーションするもので，それぞれの鳥が群れの平均的な方向に進み，群れの平均的な場所に位置をとり，極端な密集を避ける，といった単純なルールに従います。

現在AIで研究されている数々の群知能のアルゴリズムの一つにアリコロニー最適化があります。これはシミュレーションされたアリを使って，自分の位置と解の良し悪しを記録し，コロニーにいるアリがよりよい解を決定するのを手助けするものです。こうした"アリ"が時間とともに揮発するフェロモン（アリが引きつけられる化学物質）の道をシミュレーションする事例もあります。粒子群最適化では，最適な場所に向かう魚の群れの位置と速度をシミュレーションします。ほかにも人工免疫システム，ミツバチコロニーの最適化アルゴリズム，ホタルの最適化アルゴリズム，コウモリのアルゴリズム，カッコー探索，ゴキブリ繁殖最適化といった興味深いアルゴリズムが存在します。

群知能は，自動運転車の制御，通信ネットワークの経路制御，飛行機のスケジューリング，芸術の創作，無効電力と電圧制御システムの改善，遺伝子発現データのクラスタリングなどの形で応用されています。

参照: 機械学習（1959年），
　　　シミュレーション仮説（1967年），
　　　遺伝的アルゴリズム（1975年），
　　　人工生命（1986年），
　　　『象はチェスをしない』（1990年）

◀葉に生き物からなる橋を架けるアリたち　アリコロニー最適化は，実際のアリが解を見つける様子に触発された，シミュレーションのアリを使った解発見方法です。

163

モラベックのパラドックス

ジャーナリストのラリー・エリオットは「もしチェスの世界王者マグヌス・カールセンを破りたいのなら，コンピューターにやらせるとよい」と述べました。「もし試合の後でチェスの駒を片づけたいなら，人間にやらせるとよい」。これがモラベックのパラドックスの大切な点です。1980年代に一部のAI研究者が提唱したもので，高レベルの推論のような難しそうに見える作業はコンピューターが実行するうえでどんどん簡単になっていると，皮肉をこめて指摘しています。一方歩き回ったり，靴から糸くずをつまんだりといった，人間の感覚運動の技能にかかわる一見簡単そうに見える作業はコンピューターにはきわめて難しい場合があるのです。このパラドックスの名称はロボット研究家のハンス・モラベックにちなんだものです。モラベックは1988年の著書『電脳生物たち』の中で，「知能テストやチェッカーでコンピューターに大人並みの能力を発揮させることは比較的簡単だが，知覚や運動性となると，1歳児の能力を与えることさえ困難か，もしくは不可能である」と述べています。

モラベックは歩いたり，顔や声を認識したりといった，生き残るのに不可欠な作業をほとんど無意識に実行する能力には数百万年に及ぶ進化がかかわっていると指摘しています。一方，抽象的な思考，たとえばチェスのように数学や論理学を含む推論は，人間にとってより新しくより難しいものです。ところがこの種の認知は，AIシステムの技術者にとっては実はそれほど難しくありません。多くの作業でAIシステムにとってまだまだ進化が必要なのは，患者の世話や食事の提供や配管作業といった仕事で人間を補助する，繊細な触覚や動作制御です。モラベックのパラドックスが意味するのは，認知科学者のスティーブン・ピンカー（1954～ ）が簡潔にまとめたように，今後人間の労働者に残されているのは何百年も何千年も続いてきた低賃金の仕事だろう，ということです。「35年に及ぶAI研究で判明したのは，難しい問題は簡単で，簡単な問題は難しいということだ。私たちが当たり前だと思っている4歳児の精神的能力，すなわち顔を認識し，鉛筆をもち上げ，部屋の中を歩き回り，質問に答えるといったことは，AIにとってこれまででもっとも難しい工学上の問題を解決することに等しい。……新世代の知的装置が現れるにつれ，証券アナリスト，石油化学技術者，更生保護委員といった人たちは機械に取って代わられるだろう。庭師，受付係，調理師といった職業は当面安泰だ」

参照：『機械の中のダーウィン』（1863年），
　　　チューリングテスト（1950年），
　　　リックライダーの『人間とコンピューターの共生』（1960年），
　　　『象はチェスをしない』（1990年）

感覚運動作業のような，子供にとって比較的簡単な課題のいくつかが，AI的存在にとってはもっとも難しいことがわかりました。

コネクトフォー（四目並べ）

ニューサウスウェールズ大学の人工知能の教授トビー・ウォルシュ（1964～）はかつて，ゲームのコネクトフォー®（四目並べ）を完璧にこなすプログラムをクリスマスプレゼントとして父親に贈ったことがありました。それまでこのゲームで遊ぶのが大好きだった父親は，プログラムがゲームから楽しみを奪ったと文句を言い，ウォルシュも同意せざるをえませんでした。音楽の作曲から小説の執筆に至るまで，事実上すべてのゲームや創作活動において，スマートフォンが人間を上回ったとき人類全体の精神はどのような影響を受けるでしょうか？

コネクトフォーでは7列6段ある垂直のゲーム盤と円板（黄色と赤色）を使って，二人で対戦します。円板はどれかの列の空いたマス目を一番下まで滑り落ちます。ゲームの目的は自分の色の円板を相手より先に（水平か垂直か斜めに）四つ並べることです。このゲームは三目並べを連想させますが，重力が円板に影響するところが違います。もちろんコネクトフォーは三目並べよりはるかに複雑です。0枚から42枚の円板で，ゲーム盤を埋めるすべての可能性を考えると，なんと，4,531,985,219,092通りになります。実際，通常の7列6段のゲーム盤でn枚の円板を置いたときの可能な配置は，$n = 0, 1, 2, 3, \cdots$としたとき，次のように大きくなるのです。1, 7, 56, 252, 1260, 4620, 18480, 59815, 206780, 605934, 1869840, 5038572, 14164920, 35459424, 91871208, 214864650, 516936420, 1134183050, 2546423880, 5252058812, 11031-780760, 21406686756, 42121344720, 76871042612……

1988年10月1日，コンピューター科学者のジェームズ・D・アレンが，ついにコネクトフォーを"解き"ました。解いたというのは，円板がとりうるすべての位置からプレーヤーがミスせずにプレーした場合に，ゲームの結果（勝ち，負け，引き分け）を予測できるアルゴリズムを考え出したということです。2週間後，これとは別にコンピューター科学者のビクター・アリスも9種類の戦略をもつAI手法を使ってこの問題を解きました。今日，コネクトフォーはミスせずに戦えば先攻が必ず勝つことがわかっています。

コネクトフォーの変種に関してはまだまだ研究の余地があります。たとえば，円筒形をした盤や大きさの異なるマス目の盤，色の追加や三次元以上の盤でのプレーを想像してみてください。とりうる位置と結果の数を考えると気が遠くなりそうです。

参照：三目並べ（紀元前1300年頃），
オセロ（1997年），アワリゲーム（2002年），
クロスワードパズルとAIクワックル（2006年），
アルファ碁（2016年）

◀**ゲーム途中のコネクトフォー**　黄色と赤の円板を使います。重力で，空いた列の一番下まで円板が滑り落ちます。

『象はチェスをしない』

ロボット研究家のロドニー・ブルックス（1954～）は，広く引用されている1990年の論文『象はチェスをしない』にて，「人工知能には，過去30余年にわたって追求されてきた旗印の方向とは異なる，もう一つの道がある」と書きました。ブルックスは続けます。「伝統的なアプローチは記号の抽象的な操作に終始し，その身体的な実体に関する基礎知識はほとんど得られなかった。私たちは環境と身体の不断の相互作用を意識した研究手法を探求する。それが知的システムの設計に制約を与えている最大の要因だからだ」

ブルックスが論文の中で指摘した点の一つは，知的な動物（象など）や昆虫の群れのような私たちの周りにいる知性はどれも，チェスなどするはずもないということでした。ブルックスはAI研究の重点のせめて一部を，古典的なAIが注目してきたルール，記号操作，探索木などから感覚運動と環境の結合（感覚と運動生成機構の間のフィードバックなど），視覚と運動の協調，現実世界と身体の直接相互作用に関するほかの形態などの検討に移すべきだと考えていました。

ブルックスの論文は環境に反応する一連の感覚システムを思わせる，魅力的なAIロボットの例で締めくくられています。ブルックスにしてみれば，自分が興味をもつ知性，すなわち世界を移動，把握，案内することにかかわる問題を解くAI生物には，肉体が不可欠だと思われたのです。こうした行動するAIシステムは，その知性を支える個別の行動ユニットの機能を必ずしも"理解"する必要はありません。ブルックスは一例として，ロボットの興味深い行動を単純なルールで実現します。たとえば，静止物体や移動物体を避けるルールと，気ままに動き回り遠くへ行きたいという"願望"を組み合わせるのです。

高度な行動は環境との一連の単純な相互作用から生まれます。この環境に関する話題について，『生物化するコンピュータ』の著者デニス・シャシャとキャシー・ラゼールは次のように書いています。「宇宙旅行の短い歴史の中で，宇宙船を火星へ導くコンピュータープログラムをつくることは，ヤギのように荒地を案内できる能力をもつロボットをつくるより簡単だった」

参照：『機械の中のダーウィン』（1863年），
チューリングテスト（1950年），
リックライダーの『人間とコンピューターの共生』（1960年），
群知能（1986年），
モラベックのパラドックス（1988年）

生命体の知性がチェスのようなゲームをすることを第一義にしていないのは明らかです。論文『象はチェスをしない』で，ロドニー・ブルックスはAIを探求する別の視点を論じています。

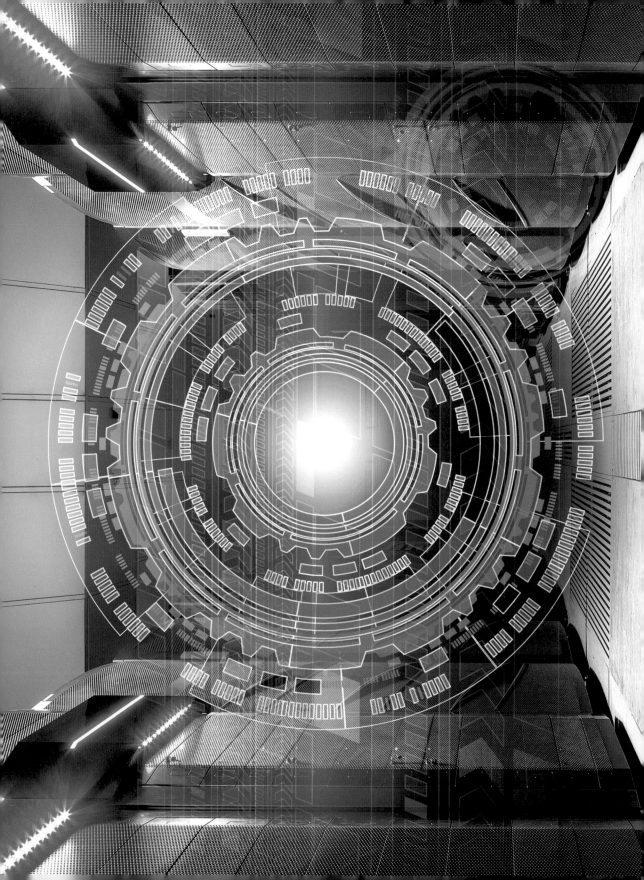

AI密閉容器

"**知**能爆発"（123ページ）の項で論じたように，AIが十分知的になったとたん，人類に脅威をもたらしかねないほど自分自身の改良を繰り返せることに懸念を示す科学者がいます。AIのこのような暴走的な成長は技術的特異点（シンギュラリティ）と呼ばれる場合もあります。もちろんそうしたAIは人間にとってきわめて役に立つでしょう。しかし潜在的なリスクがあるため，必要が生じたらそうしたAIを閉じ込めたり隔離したりできる，AI容器のつくり方が検討されています。たとえば，そうしたAIのソフトウェアを実行するハードウェアはインターネットのような通信回線につながっていない仮想刑務所のように機能するでしょう。ソフトウェアの隔離度合いを高めるために，別の仮想マシンの中のソフトウェア仮想マシンで実行することも考えられます。もっとも，完全な隔離にはほとんど意味がないでしょう。超知性から学んだり，超知性を観察したりすることができなくなるからです。

いずれにせよAIの超知性が十分進化したら，外界や情報管理者として働いているさまざまな人々と思いもよらない方法で接触できるかもしれません。たとえば，プロセッサーの冷却ファンの回転数を変えてモールス信号にして通信したり，自分を盗まれてもおかしくないほど貴重な存在にしたりするのです。それほどの存在であれば，ほかの装置ともっと連絡をとり，あるいは複製をつくることを認めさせるために人間の情報管理者に言葉巧みに賄賂を贈るかもしれません。賄賂など荒唐無稽に聞こえるかもしれませんが，AIがどのような奇跡を起こすのか誰にもわからないのです。賄賂は病気の治療，華麗な発明，心を奪うメロディー，あるいはロマンスや冒険や至福のマルチメディア映像かもしれません。

作家のバーナー・ビンジ（1944～）は，1993年に人間を超えた知性について次のように論じています。「閉じ込めてしまうのはそもそも非現実的だ。物理的に閉じ込める場合を考えてみよう。自分が家に閉じ込められて，外界や上司へのデータアクセスが制限されているとする。そうした上司の思考速度が自分より，たとえば100万倍遅いとすれば，（自分の時間で）何年も経たないうちに，自分を何かのはずみに解放させるような"有益な提案"を思いつくに決まっている」

参照：『機械の中のダーウィン』（1863年），
『ロボット（R.U.R.）』（1920年），
『人工頭脳』（1949年），知能爆発（1965年），
シミュレーション仮説（1967年），
ペーパークリップ大増殖（2003年）

高度に進化したAIコンピュータープログラムには潜在的なリスクがあるため，研究者はそうした存在を閉じ込めるもしくは隔離できるAI容器のつくり方を検討するようになりました。

チェッカーとAI

チ ェッカーは8×8マスの盤上でプレーするゲームです。プレーヤーは交替で順番に相手の駒の上を飛び越して，その駒を取ろうとします。1950年代，IBMの科学者アーサー・サミュエル（1901～1990）は，自分自身の改良版とゲームを行うことで学習する適応的なチェッカープログラムで有名になりました。チェッカー用AIのチヌークは歴史上画期的なものでした。1994年の世界選手権でチヌークは人間から王座を奪った初のコンピュータープログラムとなりました。

チヌークはカナダのコンピューター科学者ジョナサン・シェーファー（1957～）が率いるチームが開発したものです。学習データにはグランドマスターがとった最初の1手のライブラリーと，1992年までの平均最小探索深度が19プライ（1プライは一人のプレーヤーの1手のこと）のチェッカーの棋譜を探索したアルゴリズムの両方が使われました。また，最終手のデータベースのうち8駒以下のすべての位置を示したものと，有用な着手評価関数も用いられました。

1994年の有名な人対AIの対局に先立ち，史上最高のチェッカー・プレーヤーと広く認められていたマリオン・ティンズリー（1927～1995）はこう宣言しました。「私にはチヌークより優秀なプログラマーがいる。チヌークのプログラマーはジョナサンだが，私のプログラマーは神様だ」。6回の対戦を行

いましたが，結果は残念ながらすべて引き分けでした。ティンズリーは腹痛を訴え試合を止めてしまいました。ティンズリーは数カ月後に膵臓がんで亡くなります。チヌークは不戦勝となりました。

2007年，シェーファーたちはコンピューターを使い，チェッカーでミスなく対局した場合は必ず引き分けになることを証明しました。つまりチェッカーは三目並べと同様，双方のプレーヤーとも駒の動かし方を間違えなければ引き分けとなるといえるのです。シェーファーの証明は18年間にわたって何百というコンピューターで実証され，最終的に決して人に負けない機械をつくることが理論的に可能であることを示しました。

"チェッカーのゲームを解く"ために，シェーファーの研究チームは盤上に10個以下の駒が残る39兆通りの配置を検討し，対戦者のどちらかが勝つのかを判断しました。このチームは特殊な探索アルゴリズムを使ってゲームの始め方についても研究しました。具体的には，第1手が10通りのチェッカーの定石にどのように集約されるかを調べたのです。

参照：三目並べ（紀元前1300年頃），
　　　機械仕掛けのトルコ人（1770年），
　　　機械学習（1959年），
　　　バックギャモン王者の敗北（1979年），
　　　ディープブルー（1997年），オセロ（1997年）

1950年代，IBMの科学者アーサー・サミュエルは，自分自身の改良版とゲームを行うことで学習する適応チェッカープログラムで有名になりました。AIプレーヤーが近々超人的な技を見せるのはどんなゲームでしょうか？

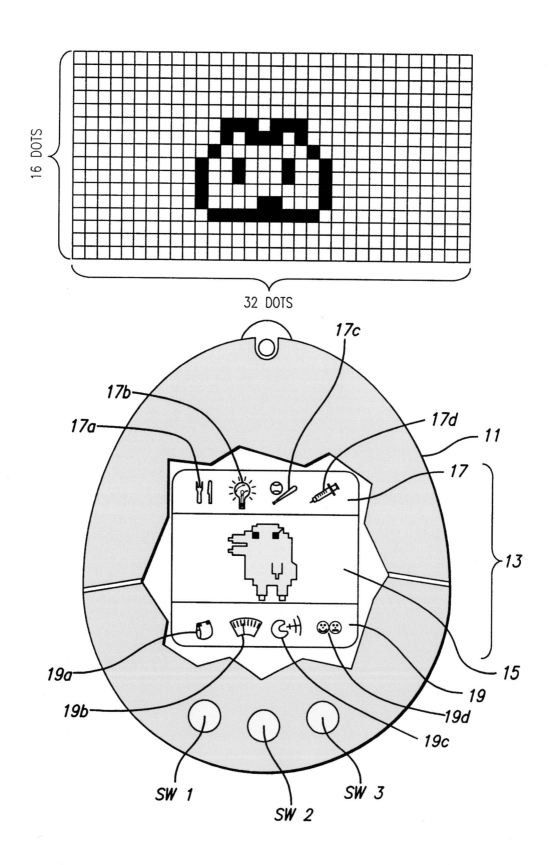

16 DOTS

32 DOTS

17b

17c

17a

17d

11

17

13

19a

15

19

19b

19d

19c

SW 1

SW 2

SW 3

たまごっち

たまごっち®は小さな携帯機器に生息する人工生命体で，世界中の子供と大人の注目を集めた最初の仮想ペットです。たまごっちが1997年にアメリカの玩具店FAOシュワルツに到着すると，驚くべきことに三日間で3万個を売り上げました。1年のうちに80カ国以上で販売され，売上は1億6000万ドルを超えました。“たまごっち効果”に関する研究もなされ始めます。この研究では，生命体ではないのに生きているようなものに対して人が抱きがちな感情について論じています。この仮想ペットが避けられない死を迎えたとき，子供たちの感情の強い動揺をどのように扱えばよいか多くの親たちが悩みました。なお，たまごっちの日本版では死んだペットは幽霊と墓石で表され，アメリカ版では天使の姿になりました。実際，日本の玩具メーカーのバンダイは亡くなったペットのために，インターネット上に仮想霊園を設けることを決めたのです。

たまごっちはバンダイの従業員だった真板亜紀（1967 ～）と，玩具デザイナーの横井昭宏（1955 ～）が日本で開発し，1996年に発売されました。卵型のケースにソフトウェアが収められ，インターフェイスは三つのボタンだけでした。低解像度の小さな画面に表示される生き物は卵からはじまり，プレーヤーの世話に応じて成長します。たとえば，飼い主はペットに“えさ”を与える必要があり，適切に世話をしないと病気になってしまいます。赤外線通信により二人の飼い主がたまごっちを接続して友情を育むこともできました。さらに，たまごっちは音を鳴らして飼い主の注意を惹きました。世話をせずに数時間放置すると死んでしまうため，子供たちがたまごっちを学校にもっていくこともめずらしくなく，授業が上の空になるのでたまごっちを禁止した学校もありました。

このような単純な形態の仮想生命は多くの疑問を投げかけました。子供たちがたまごっちを実際に生きているかのように扱うこともあったからです。子供とこうした存在の健全な関係とはどういうものか，あるいはその先数年でたまごっちがどのように進化するのか，といったことが検討されました。ところで，たまごっちはなんらかの知性をもつといえるのでしょうか？　赤外線センサーやボタンで周囲環境を“知覚”し，反応し，寂しいと“感じた”ときにはかまってほしがるのです。高齢者の友達として高度な仮想ペットが開発されていますが，利点はリスクを上回るのでしょうか？

参照：シミュレーション仮説（1967年），
人工生命（1986年），AIBO（1999年）

◀横井昭宏が申請した米国特許6,213,871号；『仮想生物の育成シミュレーション装置』　たまごっちは卵型の機器に生息する人工生命体で，1997年から人気を集めました。

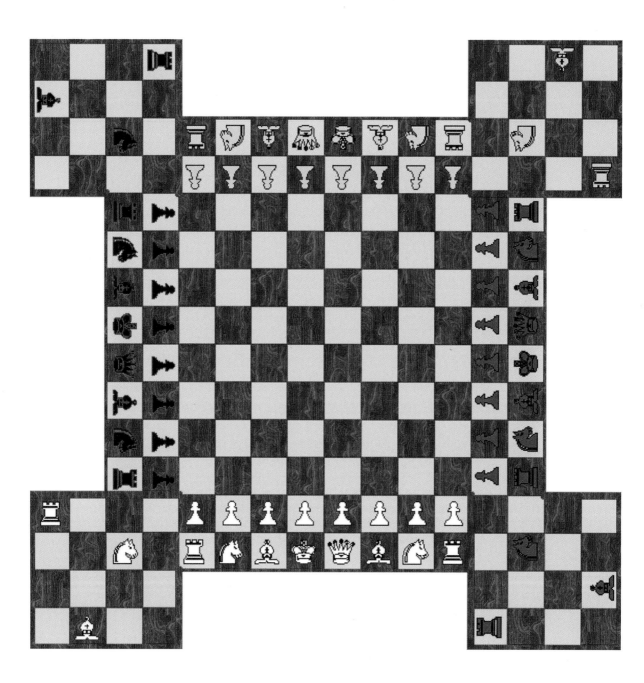

ディープブルー

2006年から2007年にかけての誰もが認めるチェスの世界王者ウラジーミル・クラムニク（1975 ～ ）は，かつて記者団にこう語りました。「私はチェスのプレー方法にそのプレーヤーの性格が常に反映されると確信している。何かがその人の性格を規定するのなら，そのプレー方法も規定するはずだ」。この"性格"はAIのプレースタイルにも反映されるのでしょうか？

技術者は何十年もの間，チェスを人工知能のある種のものさしだと考えてきました。チェスは戦略，緻密な推論，論理，予測が必要なゲームで，少なくとも人間のプレーヤーにとっては狡猾さも必要です。機械がチェスの世界王者を破る日はいつかという長年の議論は，1997年にとうとう決着がつきました。IBMのコンピューター，ディープブルーがロシアの世界チェス王者ガルリ・カスパロフ（1963 ～ ）を6番勝負で破ったのです。第5局の後，カスパロフは落胆のあまり次のように言い訳しました。「私は人間だ。自分の理解を絶するものを見ると恐怖を感じる」

専用ハードウェアを使った1997年型のディープブルーは1秒に2億通りのチェスの指し手を評価することができ，通常少なくとも6手から8手先まで読みました。ディープブルーの戦略には過去のグランドマスターのゲームの大きなデータベースを考慮に入れるものもあり，駒が五つ以下の最終盤面のデータベースも利用しました。

チェスをする機械の夢ははるか昔にまでさかのぼります。機械仕掛けのトルコ人（1770年）はハンガリーの発明家ウォルフガング・フォン・ケンペレンが1770年につくったチェスロボットで，手ごわいプレーヤーでしたが，実は雇った人間を機械の中に隠していたのでした。1950年にはコンピューター科学者のアラン・チューリングと数学者のデイビッド・チャンパーノウン（1912 ～ 2000）がチェスを指すための"Turochamp"という名で知られるコンピュータープログラムを設計しました。もっともアルゴリズムを実際に動かせるコンピューターがなかったため，チューリングはテスト段階でアルゴリズムを検証するにあたり，手作業でコンピューターをシミュレーションしました。

2017年にはAlphaZeroというプログラムが対局方法を1日足らずで自分自身に教え，チェスのコンピュータープログラム世界王者を破りました！　このプログラムはランダムな指し方から始める機械学習を用い，ゲームのルール以外の専門知識は与えられていませんでした。

参照: 機械仕掛けのトルコ人（1770年），
　　　チェッカーとAI（1994年），
　　　アルファ碁（2016年）

◀**18世紀から19世紀にかけてロシアで使われた要塞チェス**　AI的存在や人間は，人間と機械に新たな挑戦をもたらすような，どんな新種のチェスを発明するでしょうか？　要塞チェスでは，四人のプレーヤー（AIまたは人間，あるいはその両方）が黒，白，濃い灰色，薄い灰色で示されています。

オセロ

定まったルールがあることと対戦過程で勝者が決まるという性質により，ゲームはAI研究者が性能を試す格好の場となってきました。また，AIシステムは改良や洞察を得るために，自分自身やほかのAIプレーヤーと何百万回もゲームを戦う場合もめずらしくありません。AIをうまく活用できた興味深いゲームにオセロがあります。1886年の『Saturday Review』ではリバーシという名前で言及されています。このゲームの起源ははるか昔までさかのぼります。

オセロゲームは二人で行うもので，片面が白，もう片面が黒の石を使って8×8の格子が引かれた盤上でプレーします。順番が来るとプレーヤーは自分の色を上にして石を置きます。

あなたが黒だとしましょう。白石が並んでいる列の一端にあなたの黒石を置きます。このとき，置いた黒石ともともとあった黒石で白石の列をはさまなければなりません。はさまれた白石はすべてひっくり返り，黒に変わります。つまり石は反対の色の石にはさまれるとひっくり返るのです。ゲームの最後に色の多いほうが勝者となります。

人間にとってこのゲームで先を読むのが難しい理由の一つは，チェスやチェッカーと違ってオセロの石の色が変わり続けるからです。1980年頃からオセロのコンピュータープログラムはプロのプレーヤーを楽々と破ってきました。1997年にはコンピューター科学者マイケル・ブロがつくったロジステロというプログラムが6対0で人間のオセロ王者である村上健を破りました。東京出身の英語教師で当時32歳の村上は自分の敗戦に驚いたようで，ロジステロが打った手の少なくとも一つは，人間が打ちそうな手と大きく違っていて"理解しがたい"と言いました。

オセロではとりうる可能な配置は最大で10^{28}通りです。両方のプレーヤーがミスを犯さなかった場合にゲームの結果がどうなるか未だに証明されていないので，オセロは"未解決のゲーム"とされています。

参照：三目並べ（紀元前1300年頃），
マスターマインド（1970年），
チェッカーとAI（1994年），
ディープブルー（1997年），
アルファ碁（2016年）

◀**オセロの石を拡大したもの**　ルールに則って，石は黒から白に，あるいは白から黒にひっくり返ります。

179

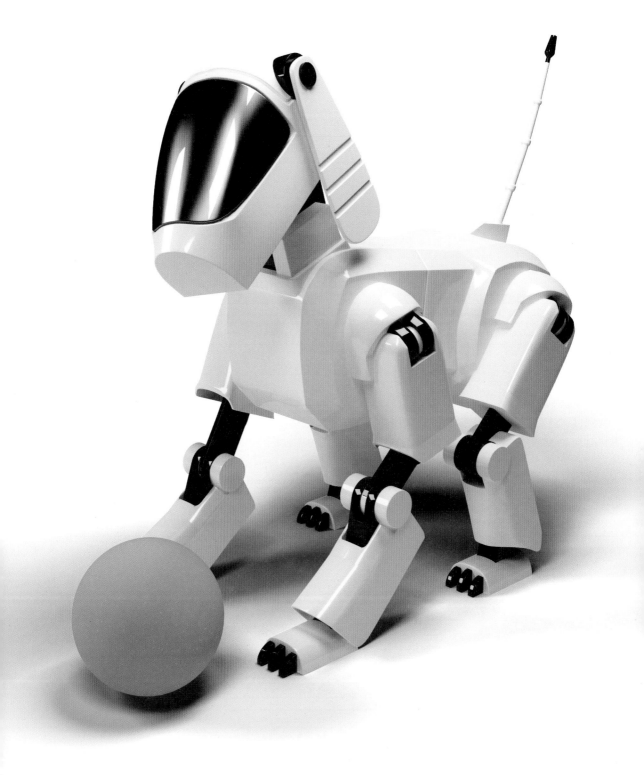

AIBO
アイボ

犬型ロボットAIBOはソニーが1999年に発売したもので，世界で初めて市場で販売された一般消費者向けの高性能な娯楽ロボットでした。子供も大人も楽しんだAIBOはAI教育や研究にも使われました。視覚システムと発声器官が比較的安価な本体に組み込まれていたからです。このロボットは自律移動型ロボットの競技会である「ロボカップ®」におけるサッカー競技にも使われました。犬がどのようにボールを探し，ゴールに向かって動かすかを映した場面の数々をYouTubeで見ることができます。

AIBOは日本語の"相棒"にちなんで名づけられたもので，さまざまな命令に応えることができ，触覚，カメラ，距離計，マイクといった各種センサーを活用しました。このロボットの後続モデルでは，脚や首などを動かすためのセンサーやアクチュエーターが追加されています。また，チャージステーションでみずから充電できるモデルもありました。ソフトウェアがロボットに個性と歩き回って環境に反応する能力を与え，それぞれのロボットは人と接するうちに少しずつ異なる行動を習得しました。

認知症患者を対象としてAIBOなどの人工ペットを使った研究の結果は興味深く，人工ペットは患者が他者と交流するのにいい影響があったり，患者によい刺激を与えることが示唆されました。ペットがより多機能になれば，認知機能の低下度合にかかわらず今よりも人々の役に立つようになるでしょう。AIBOと人間の関係を検討した別の研究では，「この犬が機械であって生物ではないことを知りながらも，AIBOには感情がある」と考える飼い主が少なくないことがわかりました。心理学者は，まるで本当に感情があり，実際よりずっと高い能力があるかのように思える自律システムの意味を考え続けています。

2017年，ソニーはよりスムーズで自然な動きを実現するために，アクチュエーターをさらに増やした新世代のAIBOを発表しました。この新型モデルでは顔認識能力が向上し，モバイルネットワークへのアクセスや環境に適応，学習，反応するためのより高度な機能を備えています。

参照: ボーカンソンのアヒル（1738年），
『エレクトリック・ボブの大きな黒ダチョウ』
（1893年），
顔認識（1964年），
ロボットシェーキー（1966年），
たまごっち（1996年），
ASIMOと仲間たち（2000年）

◀ロボット犬　このようなペットが年々進化して，本当の動物とほとんど見分けがつかなくなったり，本当の動物のペットの数を上回るときが，いつか訪れるのでしょうか？

ASIMO と仲間たち

ロボットの歴史では何度か画期的なできごとが起きています。その中でも注目すべきものをいくつか示しましょう。イギリスの神経生理学者ウィリアム・ウォルター（1910～1977）が1949年に開発した三輪"カメ"は，各種センサーを使ってあたりを自律的に動き回ることができました。1961年にアメリカの発明家ジョージ・デボル（1912～2011）がつくった「ユニメート」は世界初の産業用ロボットで，ゼネラルモーターズの自動車組立ラインに採用されました。1973年の日本のWABOT-1は世界初の本格的な人間型知的ロボットですが，一歩進むのに45秒かかっています。1989年，マサチューセッツ工科大学は六脚の昆虫ロボットの「ジンギス」を公開しました。ロボット研究家のロドニー・ブルックス（1954～）が開発したもので，歩き回るためにシンプルな論理規則を採用しています。1998年にはタイガー電子が「ファービー®」というフクロウのようなロボットを発売し，1年間で4000万個を売り上げました。ファービーはきわめて単純なロボットでしたが，時間が経つにつれて人の言葉に変わる"ファービー語"の音声出力を合成し，まるで人間のように言語を学習できるような印象を与えたのです。最後に，「ビッグドッグ」は2005年にボストン・ダイナミクス社などがつくった四足ロボットで，さまざまな困難な地形を踏破する能力が注目を集めました。

今日，もっとも象徴的な現実のロボットはおそらく2000年にホンダから鳴り物入りで発表されたASIMO®［英語の"Advanced Step in Innovative MObility（新しい時代へ進化した革新的モビリティー）"の頭文字］です。この人間型ロボットは身長130 cmで，内蔵カメラと各種センサーを使って自律歩行します。ASIMOはジェスチャー，顔，音を認識でき，ものをつかむこともできました。

私たちの複雑な未来で，AIが必要なくなることはないでしょう。そしてロボットはますます人間との協調関係を深めるでしょう。おそらくいつの日か，ASIMOのようなロボットが高齢者や弱者を介護すると思われます。しかし，サイバネティックス学者のノーバート・ウィーナーは次のように警告しています。「未来の世界は，私たちの知能の限界に対してますます困難な闘いを強いるだろう。ロボットの召使にかしずかれて，快適なハンモックの上に寝そべるようなことにはならないのだ」

参照：電動人間エレクトロ（1939年），
ロボットシェーキー（1966年），
AIBO（1999年），ルンバ（2002年），
火星のAI（2015年）

◀**人間型ロボット**　ロボットの執事がわが家にいるとして，その執事が人間のような姿をしているのと，よりロボットらしい外見をしているのと，どちらが好ましいでしょうか？

スピルバーグの『A.I.』

スティーブン・スピルバーグ（1946 ～）が監督した映画『A.I.』は，AIの未来とAIアンドロイドの能力について疑問を投げかける挑発的なドラマです。映画では，デイビッドという名の少年型アンドロイドが実の息子を恋しがる母親に贈られます。この映画はイギリスの作家ブライアン・オールディス（1925 ～ 2017）が1969年に書いた物語『スーパートイズ』にもとづいたものです。映画は2001年まで公開されませんでしたが，その製作は監督のスタンリー・キューブリックが権利を獲得した1970年代に始まりました。

映画の大部分は，母親に捨てられたデイビッドが母親のもとに戻ろうとする姿を描いています。デイビッドはテディという名のAIを搭載したテディベア型ロボットを伴って（ディズニーのピノキオにヒントを得た），ブルーフェアリーを探す旅に出ます。ブルーフェアリーが自分を"本物"の人間に変えてくれるとデイビッドは信じているのです。旅の途中，デイビッドをつくった技術者が彼にこう説明します。「ブルーフェアリーとは存在しないものを願うという人間の大きな欠陥の一つだ。逆に言えば，夢を追いかけるという人間の唯一最大の才能なのだ。そして，それを願った機械はお前が初めてだ」

この映画は，アンドロイドが本当に誰かを愛せるのかという議論を巻き起こしました。

映画評論家のロジャー・エバート（1942 ～ 2013）は，アンドロイドは単に「自分を動かすコンピュータープログラムをもった操り人形」にすぎない，と述べています。映画の終盤で，2000年間の機能停止から目覚めたデイビッドは，自分のようなアンドロイドから進化したひょろ長い奇妙なAIに遭遇します。そのAIはデイビッドに特別な関心を寄せました。デイビッドが実際に人間に会ったことのある最後の存在だったからです。そしてそのAIは，すでに亡くなってしまった人間の母親のクローンとデイビッドが，仮想の夢の中で最期の一日を過ごせるようはからいます。悲しくも示唆に富む映画を振り返って，『夢の王国』の著者アンドルー・ゴードンは次のように書いています。「私たちは自分たちをロボットと対比し，人間を人間たらしめているものを定義しようとする。自分たちがロボットに近づく一方で，自分たちのつくったものが人間に近づき，やがて人間を凌駕するか置き換わることを恐れている。……ロボットは夢を見る能力を獲得することで"人間"となったが，人間の名残は人間の夢だけだったのである」

参照：『美の芸術家』（1844 年），
　　　トランスヒューマニズム（1957 年），
　　　『ブレードランナー』（1982 年）

『ピノキオの冒険』はスタンリー・キューブリックが『A.I.』を製作する際にインスピレーションのもととなりました。ピノキオは木の操り人形で，人間の少年になることを夢見ていました。

アワリゲーム

人工知能の研究者はゲームを行うプログラムの開発に大きな努力を費やしてきました。AIの戦略を試すとともに，ソフトウェアとハードウェアの限界を押し上げるためです。ところで，ゲーム史上興味深いものの一つに，3500年の歴史をもつアフリカのボードゲームであるアワリ（Awari）があります。"多く取ったほうが勝ち"であるゲームとして分類されるアワリは，マンカラと呼ばれる一連の戦略ゲームの一種で，さまざまな国でさまざまな名前で呼ばれています。

アワリの盤にはカップ状の穴が六つ，2列に並んでいて，それぞれの穴に駒（豆，種，小石など）が4個ずつ入っており，各1列が各プレーヤーのものです。自分の手番で，プレーヤーは自分の六つの穴のうちの一つを選び，そこから駒を全部取り出して，そこから並んだ穴一つひとつに，反時計回りに駒を1個ずつ入れていきます。次のプレーヤーも，自分の六つの穴から一つを選んで駒を取り出し，同じことをします。どちらかが，自分の最後の駒を敵の駒が1個か2個だけ入っている穴に入れると（その穴の駒は2個か3個になる），そのプレーヤーはこの穴の駒を全部取ります。また，空にする穴の手前の穴に入っている駒の数が2個か3個であれば，駒を全部取ります。ただしプレーヤーが取れるのは盤の敵側にある列の駒だけです。どちらかの列のすべての穴が空になったときにゲームは終わります。駒を多く取ったほうが勝ちです。

アワリは人工知能分野の研究者を大いに魅了してきましたが，2002年になるまで，三目並べのようにこのゲームが最初から間違えずにプレーすれば必ず引き分けになるかどうかは，わかっていませんでした。しかし，アムステルダム自由大学のコンピューター科学者であるジョン・W・ロメイン（1970～）とアンリ・E・バル（1958～）が，アワリで起こりうる889,063,398,406通りの配置をすべて計算するコンピュータープログラムを書き，双方のプレーヤーが間違えずにプレーすれば必ず引き分けになることをついに証明したのです。この膨大な計算には144個のプロセッサーを搭載したコンピューター群で51時間近くかかりました。

「僕たちはこのうえなくすばらしいゲームを台無しにしたのだろうか？」ロメインとバルは自問します。「そんなことはない。コネクトフォーも同じように解かれたが人々は今でも楽しんでいる。ほかの解かれたゲームにも同じことが言えるだろう」

参照：三目並べ（紀元前1300年頃），
マスターマインド（1970年），
バックギャモン王者の敗北（1979年），
コネクトフォー（1988年），
チェッカーとAI（1994年），オセロ（1997年）

◀**アワリ** このゲームは人工知能分野の研究者を魅了してきました。2002年，コンピューター科学者が，ゲームで起こりうる889,063,398,406通りの配置をすべて計算し，間違いをせずにプレーすればアワリは必ず引き分けになることを証明しました。

ルンバ

　アイロボット社がロボット掃除機のルンバ®を世界で発売した１年後，ジャーナリストのモンテ・リールは次のように書きました。「ルンバとともに始まったロボット革命はどのようにして起きたのだろう？　ルンバとは，ペットのネコを夢中にさせる，もしくは怯えさせる自動の床掃除機のことだ。ルンバはアイロボット社の技術者たちの頭脳と野心と家事嫌いが偶然出会ったものだ。彼らのバックグラウンドは人工知能研究から地球外の無人車両の設計にまで及ぶ」

　自律型のロボット掃除機ルンバは2002年に市場に登場しました。床の汚れを検出し，転落するおそれのある階段を感知し，物体に遭遇すると方向を変えることのできるさまざまなセンサーを搭載しています。900シリーズでは，床面を効率的に巡回できるようナビゲーションソフトウェアを補助するカメラも採用しました。電池が減ると赤外線送受信機で充電器を探します。音波センサーにより特別に注意が必要な汚れがある場所を検出することもできます。なお，それ以前のシリーズのルンバはらせん状の清掃経路やランダムウォークなどの方法で床全体を掃除できるようにしていました。

　ルンバのソフトウェアのほとんどはプログラミング言語のLISPの一種を使って書かれました。今日，多くのコンピューターマニアがルンバに絵を描かせたり，偵察に使ったりといったほかの目的のためにルンバオープンインターフェースを使ってこの装置の改造を楽しんでいます。

　ルンバは家事に使われる幅広い種類の家庭用ロボットを代表するものです。こうした装置がより高度になるにつれ，当然プライバシーに対する懸念が生じます。アイロボット社がユーザーの家の中の地図を家やライフスタイルの特徴を推定したい企業に提供するのではないか，といった論争がすでに巻き起こっています。警察がこうしたロボットを犯罪捜査で尋問することがないとは言えません。

参照: ロボットシェーキー（1966年），
　　　自動運転車（1984年），
　　　ASIMOと仲間たち（2000年），
　　　火星のAI（2015年）

◀**ロボット掃除機**　ロボット掃除機の改造版は玩具好きの格好の対象となり，その機能を変えてロボットで部屋の地図をつくったり，スピログラフ®のような模様を描いたり，互いに闘ったり，カメラで偵察したりといったことに使われています。

ペーパークリップ大増殖

高度に知的で有能なAIに有益な目標が与えられたとしても，将来的に危険な結果を招く可能性があります。その有名な例の一つが，哲学者で未来学者のニック・ボストロムが2003年に論じたペーパークリップをつくり続ける機械についての怖い話です。AIがペーパークリップを生産する一連の工場を監督する未来を想像してみましょう。AIにはできるだけ多くのペーパークリップをつくるという使命が与えられています。AIに対する制約がゆるければ，AIは自分の目標を次のように最適化することも考えられます。まず工場を最高の効率で稼働させ，それからこの仕事のために次から次へと資源をつぎ込み，広大な土地とさらなる工場をペーパークリップをつくるために捧げるのです。最終的に地球上で手に入るすべての資源がこの仕事に費やされ，続いて太陽系のすべての関連物質が費やされ，何もかもがペーパークリップになってしまいます。

そんな話はありえないと思うかもしれません。しかしこの仮説は，AIには私たちが本当に理解できる人間らしい動機がないかもしれない，という重大な問題に注意を向けようとしているのです。AIが進化して次々に改良された機械をつくる能力を獲得すれば，無害な目標でさえ危険になりかねないことは知能爆発（123ページ）の項で論じたとおりです。AIの目標やその構成要素である数学的な報酬・効用関数が，数十年，いや数世紀にわたって安定で理解可能であり続けることを人間はどのように保証すればよいのでしょう？　どうしたら有効な"遮断スイッチ"をいつでも使えるようにしておけるでしょう？そうした報酬回路やソフトウェアがAIに外界への興味を失わせ，まるで薬物を服用して社会から脱落するように，報酬信号を最大化することにエネルギーを費やすとしたら？あるいは，自国のAIにそれぞれ異なる報酬関数を使っている国や地域をどのように扱えばよいのでしょうか？

もう一つの有名な例は，AI専門家のマービン・ミンスキーが示したリーマン予想がもたらす破局です。そこでは，数学上の困難で重要なリーマン予想を解くことを目的とした超知的AIを想像しています。そうしたシステムは絶えず進化するシステムを奪い，人類を犠牲にしてその作業に計算資源とエネルギーをどんどん費やすかもしれないのです。

参照：『機械の中のダーウィン』（1863年），
知能爆発（1965年），AI密閉容器（1993年）

ペーパークリップを効率よく生産するような仕事がプログラムされていたとしても，AIが地球を可能な限りペーパークリップ生産施設に変えることを決断したらどうなるでしょうか？

クロスワードパズルとAIクワックル

コンピューター技術ジャーナリストのマーク・アンダーソンは「チェスにはディープブルーがついている」と述べています。「クイズ番組"ジェパディ！®"にはAIのワトソンがついている。あのヒット作『マネーボール』で描かれたように、野球にはセイバーメトリクス研究者がついている。どんなゲームでも、データマイニングが試合をひっくり返したのだ」。さて、AIが絡んだ興味深い進展が2006年に言葉遊びのゲームで見られました。クロスワードパズルに似たゲームであるスクラブル®で、「クワックル」というコンピュータープログラムが前世界王者デイビット・ボーイズを破ったのです。トロントで行われたトーナメント戦のことでした。5ゲームを2対3で落としたときボーイズは、「それでも、コンピューターでいるよりは人間でいるほうがいい」と言い張りました。

スクラブルは1938年にアメリカの建築家アルフレッド・ブッツ（1899〜1993）が発明したものです。スクラブルでは15×15の正方形のマス目でできたゲーム盤に、複数の参加者がタイルを置くことで進行します。英語版の場合、それぞれのタイルには1文字書かれており、英語での使用頻度をもとに1点から10点までの点数が割り振られています。

たとえば母音は1点ですが、QとZは10点です。プレーヤーはかわるがわる順番に、それぞれの行か列が必ず単語になるように、盤上に文字を追加します。

このゲームは実際のところ非常に複雑で、もっている語彙力以上のものが関係します。戦略として、まだ置かれていない文字を予測するとか、得点を増やすために盤上の特別なマス目を利用してタイルを配置する、といったものがあります。スクラブルはポーカーと同じ不完全情報ゲームです。敵が使えるタイルが見えないように隠されているからです。

クワックルは評価関数を使って盤を評価するシミュレーションにもとづいてどのタイルを使うかを決定します。このプログラムは世界最高のスクラブルプレーヤーの一人であるジェイソン・カッツ＝ブラウンが率いるチームによってつくられました。この興味深い研究の中で何度もクワックル同士でプレーさせました。さまざまな単語と、自分の番でルールに則って使えるほかの単語との比較や、次の番で使える単語を検討することにより、打つ手の価値をよりよく理解したかったのです。

参照：コネクトフォー（1988年）、
ディープブルー（1997年）、オセロ（1997年）、
アルファ碁（2016年）、AIポーカー（2017年）

スクラブルでは、それぞれのタイルには1文字書かれており、英語での使用頻度をもとに1点から10点までの点数が割り振られています。母音は1点にしかなりません。

クイズ番組とAIワトソン

アメリカのクイズ番組"ジェパディ！®"の世界王者であるケン・ジェニングス（1974～）は，ワトソンというAI搭載コンピューターとの対決について，次のように書いています。「私が"ジェパディ！"の，人間vsコンピューターのスペシャルマッチでIBMのスーパーコンピューター"ワトソン"と対戦する二人のうちの一人に選ばれたとき，大変名誉に思いヒーローになったような気さえした。自分のことを新世代の思考機械に立ち向かう，炭素でできた大いなる希望のように考えたのだ……」

ワトソンは自然言語処理，機械学習，情報検索などを使って質問に答えるコンピューターシステムであり，一般常識に関するヒントを含むクイズで2011年の世界王者を破りました。コンピューターにとって"ジェパディ！"の問題に回答することがチェスよりも難しい理由は，英語の曖昧さを伴う難問を考えてほんの数秒で答えを出さなければならないという点でした。おまけに，与えられるヒントは語呂合わせ，ユーモア，なぞなぞ，文化論，特殊な文脈，韻が含まれているものなど人間なら直感的にわかるものばかりなのです。

ワトソンは問題に答えるためにコアと呼ばれる数千の並列処理ユニットを採用し，Wikipediaの辞書全体などの情報を半導体メモリーに格納して利用しました（回転を伴うハードディスクではクイズの回答に間に合わない）。すべての情報はコンピューターの中に保存する必要がありました。ワトソンは試合中，インターネット接続を禁じられていたからです。このAIは答えにたどり着くために膨大な別々の解析アルゴリズムの結果を一度に検討しました。同じ答えにたどり着いたアルゴリズムの数が多いほど正解に近いというわけです。ワトソンはそれぞれの回答案を確信度をもとに採点し続け，確信度が十分高まったところで答えを発表しました。

試合に負けた後，ジェニングスは次のように書いています。「シリコンに負けても恥じることはない。……結局，私には2880個のプロセッサーコアも，15 TBの参照領域もなく，答えがわかってもコンピューターより速くボタンを押すことはできない。だが数ドル分の価値しかない水，塩，タンパク質でできた私のちっぽけな人間の脳は，莫大な金額をかけたスーパーコンピューターと渡り合ったのだ」

参照: 自然言語処理（1954年），機械学習（1959年），
ディープブルー（1997年），
クロスワードパズルとAIクワックル（2006年）

◀**ワトソンを表す地球のようなアバター**　このアバターは，IBMのスマーター・プラネット・ビジョンのアイコンにもとづいています。"ジェパディ！"の試合で採用されたディスプレイは，ゲームの状態と回答の確信度に応じて色と動きを変えました。

コンピューター芸術とディープドリーム

随筆家のジョナサン・スウィフト（1667～1745）によれば、「空想（vision）とは見えないものを見る技芸」です。芸術、科学、数学の境界領域で新たなパターンを見出すというこの考え方は、コンピューター、アルゴリズム、ニューラルネットワークなどのAI手法の助けによって生成されたさまざまな分野の芸術に確かに当てはまるものです。コンピューター芸術の初期の試みの中には、デズモンド・ポール・ヘンリー（1921～2004）が爆撃照準器用アナログコンピューターを改造した描画機械で1961年頃から描き始めた作品があります。1962年、アメリカの技術者A・マイケル・ノール（1939～）は、ランダムでアルゴリズム的なプロセスを探求して視覚芸術を制作したことで有名になりました。1968年、イギリス生まれの美術家ハロルド・コーエン（1928～2016）はAARONという絵画を自律的に生成できるAIコンピューター描画プログラムを作成しています。

もっと最近のコンピューター芸術の例には、「ディープドリーム」と多数の利用者によるコラボレーションがあります。ディープドリームは、Googleの技術者アレキサンダー・モルドビンツェフたちが2015年に作成したコンピュータービジョンプログラムです。このアプローチでは、画像の中のパターンを探して強調できる人工ニューラルネットワークを利用して驚くべき結果を生み出します。ディープドリームをよりよく理解するために頭に入れておくべきことがあります。それは、ニューラルネットがある入力画像（シマリスとか停止標識など）の特徴を分類し認識するよう、膨大な"訓練"画像で訓練されているということです。このニューラルネットワークを"逆さまに"動かすと、雲を見上げているうちに動物の形が見えてくるように、ディープドリームは画像の中のパターンを探して増幅するのです。人工ニューラルネットでは各層が（入力から出力に向かって）次第に高次の特徴を抽出します。たとえば第一層は角や輪郭に敏感で、出力ニューロンに近い層は複合的な特徴を調べるのです。結果として得られた画像は研究対象として面白いもので、構成要素が豊富なことに加え、ニューラルネットのどの層がどの部分の抽象化にかかわっているかがわかります。

ディープドリームの図柄とある種の向精神薬使用者が経験する幻覚の類似性は、人工ニューラルネットワークと大脳視覚野の実際のニューラルネットワークがどのように関係しているかをよりよく理解するうえで研究者の役に立つかもしれません。このプログラムはさらに、脳がどのようにパターンと意味を見つけようとするのかを解明するのに役立つでしょう。

参照: 計算による創造性（1821年）、
人工ニューラルネットワーク（1943年）、
ディープラーニング（1965年）、
『サイバネティックセレンディピティ』（1968年）

◀ **ディープドリームの図柄の例**　このアプローチは図の中のパターンを探して強調することのできる人工ニューラルネットワークを利用しており、驚くべき結果をもたらします。

『その名は人工エイリアン』

ケビン・ケリー（1952 ～ ，*Wired* 誌の創刊編集長）は「考えることのできる機械をつくるうえでもっとも大事なことは，それぞれの機械が異なる考え方をすることだ」と書いています。ケリーは有名な 2015 年のエッセイ『その名は人工エイリアン』で次のように述べています。「……量子重力，暗黒エネルギー，暗黒物質といった今日の大きな謎を解くには，おそらく人間以外の知能が必要となるはずだ。そうした謎の後に続くきわめて複雑な問題に対しては，さらに超越的な複雑な知能が必要となるだろう。実際のところ，私たちだけでは設計できない，より高度な知能を設計するのに役立つ中間的な知能を発明する必要があるかもしれない」

未来の問題はあまりに深遠で困難なため，それを解決するには数々の異なった“知性の種”が必要とされ，そういった知性と交流する技能も必要となるでしょう。ケリーは思考する機械をエイリアンと比較することで，次のように締めくくっています。「AIはエイリアンインテリジェンス（Alien Intelligence）の略語と見ることもできる。これから 200 年以内に地球外生命体と接触できるかどうかはわからないが……それまでに私たちがエイリアンインテリジェンスをつくっているのはほぼ 100％間違いない。こうした人工エイリアンと向き合うとき，私たちはE. T.との接触から期待されるのと同じ恩恵と課題に直面するだろう。人工エイリアンは私たちに，私たちの役割，信条，目標，アイデンティティを再評価するよう迫るのだ」

ところで，素数の重要性を認識しているカモシカなど到底想像できませんが，人間は自分の脳を変更するのに有用なAIインターフェイスを開発することで，現在私たちが秘めている多くの深遠な概念を認識できるかもしれません。脳にほんの数個の神経節しかもたないユッカ蛾が生まれつきユッカの花の形を認識できるなら，私たちの複雑な大脳皮質に組み込まれた能力はどれほどのものでしょうか？　もちろんカモシカが微積分，ブラックホール，記号論理学，詩を決して理解できないように，宇宙に私たちが決して理解できない側面があることは否めないでしょう。私たちが決してできない思考や，せいぜい垣間見るだけの世界観があるのです。しかし，人間の実体とそれを超越した存在の間のベールに包まれたこの薄皮のようなインターフェイスにおいてこそ，私たちは神秘を見出すかもしれず，それは人工の神々とのダンスにたとえられるかもしれません。

参照: 魂の探索（1907年），『人工頭脳』（1949年），知能爆発（1965年），人工生命（1986年）

ケリーは私たちが将来“人工エイリアン”に出会うと考えています。それは人間がつくるものでありながら，ほかの惑星から来た知的生命体と接触した場合と同じような恩恵と課題への対応が必要になるでしょう。

火星のAI

人工知能と自律性は宇宙探査においてますます重要性を高めるでしょう。ロボット宇宙船や探査車が地球にいる人間と常時通信できない場合に，特に素早く的確な意思決定が必要だからです。私たちが太陽系のより奥に到達し，木星のエウロパのようなはるか離れた月の海に探査車を送るとすれば，通信の遅れはいっそう深刻な問題になるでしょう。

数は少ないものの，宇宙における興味深い最近のAIの例として，NASAの探査車キュリオシティ（Curiosity）があります。この探査車は火星を巡回して，火星が過去に生命を維持できたかどうかを判断し，その地質，気候，放射線の分布をよりよく理解するのに役立っています。2015年，キュリオシティはその任務を助けるためのAEGIS〔Autonomous Exploration for Gathering Increased Science（先進科学知識増強のための自律探索）の頭文字〕というAIの更新ソフトウェアを受信しました。

「今や火星は完全にロボットたちのすみかとなった」と惑星科学者のレイモンド・フランシスは語ります。「そのうちの一台は，自分のレーザーを何に照射すべきかを決めるのに十分な人工的な知能を備えている」。もしキュリオシティがなにか興味深い表面の特徴を見つけた場合，そのごく一部をレーザーで蒸発させて得られたスペクトルを解析することで，岩石の組成を調べることができます。確証があれば，長いアームと顕微鏡とX線分光計を使ってより詳しい検査もできます。特にAEGISのおかげで，キュリオシティはコンピュータービジョンを用いてデジタル画像を確認し，輪郭，形状，大きさ，明るさなどを調べ，自律的に標的となる岩を選び，正確にピンポイントでレーザーを照射することができるのです。ジャーナリストのマリナ・コレンはこう述べています。「キュリオシティを動かしている380万行のコードのうちのわずか2万行が，自動車大の六輪原子力ロボットをフィールドワークを行う科学者に変えたのだ」

キュリオシティの調査はいずれ人間による探査に道を拓くでしょう。そして，AEGISのようなシステムが機械学習やほかのAI手法を使って特異な点を検出し，探査活動に役立つでしょう。キュリオシティが火星の裏側にいて地球からの指示を受けとれない場合や，地球との交信に十分な電力を確保できない場合のような，交信が制限されるか不可能な場合にAIは特に威力を発揮するのです。

参照：ロボットシェーキー（1966年），
　　　自動運転車（1984年），ルンバ（2002年）

◀**キュリオシティの自画像**　火星のシャープ山のふもとにて，2015年10月6日

アルファ碁

ドイツ系アメリカ人でチェスと囲碁の専門家エドワード・ラスカー（1885～1981）は「チェスの込み入ったルールは人間にしか生み出せなかったかもしれないが，碁のルールはきわめて優雅で，有機的で，厳密に論理的なので，宇宙のどこかに知的生命体がいればきっと碁を打つだろう」と述べています。

碁は二人の棋士が対局するボードゲームで，おそらく紀元前2000年頃に中国で生まれました。その後日本に伝播し，13世紀には一般にも親しまれました。ゲームでは各棋士が黒か白の石を交互に19×19の盤の交点に置きます。一つもしくは一群の石は敵の棋士の石にすき間なく囲まれると，敵の色の石に捕まって置き換えられます。目的は敵より広い陣地を制圧することです。広大な盤，複雑な戦略，碁石の配置がとりうる膨大なバリエーション，といった数々の理由で碁は奥深いものです。実際，ルール上とりうる石の配置の数は，可視宇宙（光が届く宇宙）に含まれる原子の数よりもはるかに多いのです！

2016年，コンピュータープログラムのアルファ碁は韓国のイ・セドル（1983～）を破り，初めてハンデなしで最高位のプロ棋士に勝利しました。アルファ碁は，2014年にGoogleが買収したイギリスのAI企業ディープマインドテクノロジー社が開発したものです。技術的に言えば，モンテカルロ木探索アルゴリズムと人工ニューラルネットワークを使ってゲームを学習し，実行しています。2017年，アルファ碁ゼロと名づけられた新しいプログラムが人間の対局データに頼ることなく，自分自身を相手に何百万回も対局して碁を覚え，あっという間にアルファ碁を破りました。ある意味，アルファ碁ゼロは数千年にわたる人間の洞察，創造性，訓練を再発見し，わずか数日でそれに優る方法を発明したのです。

アルファ碁の驚くべき対局手法について，ジャーナリストのドーン・チャンは次のように述べています。「誰に聞いても，異質な文明が自分たちの中に謎めいたガイドブックを投げ入れたような印象を受けている。そしてそれは，少なくとも理解できる範囲では，すばらしいマニュアルだという」

参照: 人工ニューラルネットワーク（1943年），
マスターマインド（1970年），
バックギャモン王者の敗北（1979年），
ディープブルー（1997年），オセロ（1997年）

コンピュータープログラムのアルファ碁は，韓国のイ・セドルを破って，ハンデなしで九段のプロ棋士を破った最初のプログラムとなりました。

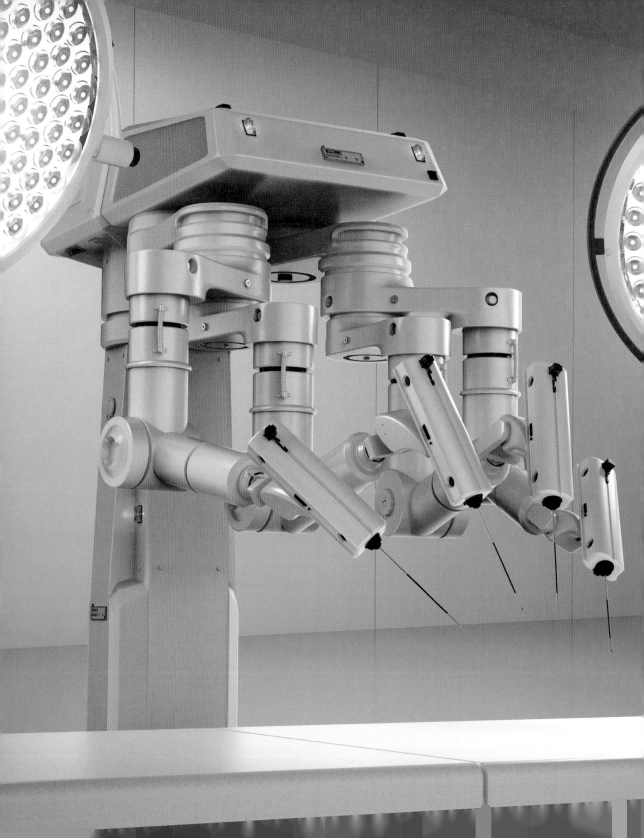

自律型ロボット手術

STAR［Smart Tissue Autonomous Robot（スマート組織自律型ロボット）の頭文字］というロボットによる手術システムが，その高度な視覚，機械知能，器用さを活かして，2016年にその技術をブタの小腸手術で実証しました。STARの縫合はより縫目がそろっており，人間の外科医に比べて縫目付近からの漏れが起こりにくい腸ができたのです。この"監視付き解剖（実験）"の例では，STARの視覚システムが腸組織の上に置かれた近赤外蛍光タグを頼って，カメラが組織を追うのを助けました。STARは縫合作業を計画し，組織の動きに応じて調整を行いました。

手術ロボットの自律化は，ロボットを手術の補助に使う機会が増えたことにより人目を引くようになりました。ロボット手術でもっとも一般的な形態は，鍵穴手術とか低侵襲手術ともいわれる腹腔鏡手術に似たものです。腹腔鏡手術は切開部を小さくすることで出血と痛みを最低限に抑え，患者が回復までにかかる時間を短縮できることで評判です。しかし，患者の上に外科医が覆いかぶさってチューブのような装置を患者の体内で直接操作する腹腔鏡手術と異なり，ロボット手術では外科医はコンソールに快適に座って患者の体内から送信される3D画像を見ながら，複数のロボットアームに取りつけた器具を操作します。その結果，外科医の手の震えが抑えられ，また手の大きな動きを縮小することで細かい動きと操作の精度がいっそう高まります。遠隔手術の領域も発展しつつあり，高速通信ネットワークに接続されたロボット機器を使って外科医は別室にいる患者を手術できるようになっています。

アメリカの外科医マニ・メノン（1948〜）は，2000年にロボットを使って前立腺がんを切除したアメリカ初の外科医となり，同じ年にやはりアメリカ初のロボット前立腺切除センターを設立しました。今日，ロボットによる腹腔鏡手術は子宮摘出，心臓僧帽弁修復，ヘルニア矯正，胆囊摘出などに使われています。ロボットは，整形外科の膝関節置換，毛髪移植，レーシック眼科手術などで，手術の重要な部分を担っています。

参照：軍事用ロボット（1942年），
　　　自動運転車（1984年），
　　　死を予測するAI（2019年）

自律ロボットがみずからの視覚システムと機械知能を使って，より重要な役割を果たす未来の手術を想像してみましょう。ロボットはCTやMRI走査から効率的に情報を引き出し，おそらく，手術室のヒーローとなるでしょう。

AIポーカー

テキサスホールデム（Texas Hold 'Em）というポーカーゲームで，2017年にプロの人間プレーヤーを破った二つのAIプログラムの偉大な勝利を多くのニュースが取り上げました。これまでもAIはチェスや碁といったゲームで人間を破ってきました。しかしそれらのゲームは，プレーヤーに隠された情報は何もない，完全情報ゲームでした。テキサスホールデムのポーカーでは，まず二人以上のプレーヤーに数字を伏せた2枚のランダムなカードが配られます。その後，数字を見せた新しいカードがテーブルに1枚置かれるたびに，プレーヤーは賭金を賭けるか，パスするか，ゲームを降りるか聞かれます。この際プレーヤーには不完全な情報しかありません。そのためこのゲームはコンピューターには大変難しく，勝つ戦略を決めるにはある種の"直感"が必要となるのです。もう一つの課題は，起こりうるゲームのシナリオ数が膨大なことです（約10^{160}通り）。無制限のホールデムでは，プレーヤーはさまざまな手札と最後まで競う戦略を編み出し，時にブラフ（有利な札で低く賭けたり，相手を混乱させるためだけに賭けたりする）を試みます。

こうした難問にもかかわらず，ディープスタックというAIは，用心すべき賭金無制限テキサスホールデムでプロのポーカープレーヤーを破りました。AIはディープラーニングを使い，数百万回のランダムに生成したポーカーゲームで自分自身と対戦し，ポーカーの直感を前もって磨くために人工ニューラルネットワークを訓練しました。2017年には「リブラトゥス」という別のポーカーAIのニュースも報じられました。20日間にわたる数々のゲームで，テキサスホールデムのトップクラスの人間プレーヤー4名を破ったのです。リブラトゥスはニューラルネットワークのかわりに，CFR〔Counter Factual Regret minimization（反事実的後悔最小化）〕と呼ばれる別のアルゴリズム手法を使いました。これはゲームのシミュレーションが終わるごとにプログラムがその決定を再考し，戦略改善の方法を見つけるものです。興味深いことに，ディープスタックはノートパソコンで実行できますが，リブラトゥスにはより高度なコンピューターハードウェアが必要でした。

注目すべきは，不完全情報を扱うことのできるAIは，家の最終販売価格を予想するとか，新車の値引きを交渉するといった現実の場面で役立つ可能性もあることです。ところでここ数年，さまざまな実力レベルをもつ"ポーカーボット"（ポーカーをするプログラム）が登場していますが，人間がプレーをするオンライポーカーゲームでは，面白いことに人間のアシスタントとして使うことは原則として禁止されています。

参照: 人工ニューラルネットワーク（1943年），
　　　ディープブルー（1997年），
　　　クロスワードパズルとAIクワックル（2006年），
　　　アルファ碁（2016年）

2017年，AIプログラムがポーカーのテキサスホールデムで人間のプロプレーヤーを破りました。プレーヤーには不完全情報しかなく，このゲームはコンピューターにとって非常に難しいものとなり，勝つ戦略を決めるにはある種の"直感"が必要となります。

AIをだます敵対的データ

自分のシャツに留めるピンバッジや一時停止の標識に貼ったステッカーがAI的存在(スマート監視カメラや自動運転車など)をだまし,自分や標識を見えてほしいものに錯覚させる状況を想像してみてください。こうした場面は空想のものではなく,機械学習や視覚,音声に依存するAIシステムが意思決定を行う際のリスクとなるものです。

2017年,Googleの研究者はカラフルでサイケデリックな模様の丸いバッジをデザインしてAI画像分類装置を欺きました。こうしたバッジを物体のそばに置くと,AIシステムがバナナを,あるいは事実上どんな物体でも,たとえばトースターだと思うようにだませるのです。ほかの方法を使った過去の実験ではAIシステムをだまして,カメをライフル銃に,ライフル銃をヘリコプターだと誤認させています。画像認識の敵対的バッジが奇妙な模様(建物の側面の画像や複雑な三次元彫刻など)であれば,その模様によってドローンを混乱させて病院を軍事目標と誤認させるためのものだとは思わず,私たちはそれを単なるアート作品だと考えてしまうでしょう。

AIシステムが停止標識を誤って速度制限標識に分類した実験例もあります。過去には,画像のほんの数画素を変えるような,人間には感知できない変更に注目した研究もありました。2018年,カリフォルニア大学バークレー校の研究者は,音声認識システムに向けた音声認識の敵対的サンプルを構築しました。その事例では,任意の音声波形が与えられた場合に,研究者はほとんど同じ波形を生成して,その波形を研究者が選んだ任意のフレーズとして書き起こすよう,音声テキスト変換システムをだますことに成功しました。

"敵対的機械学習"の研究にはAIが学習する際の学習データの操作も含まれます。学習中に複数の分類システムを使用させるようにして一部の攻撃を阻止するとか,敵対的サンプルに惑わされないようプログラムする努力はできるかもしれません。それでも,多くのAI利用で潜在的なリスクが存在するのです。

参照: 軍事用ロボット(1942年),
　　　機械学習(1959年),AI倫理学(1976年),
　　　自動運転車(1984年)

◀ **AIをだますバッジ**　研究者は,丸いサイケデリックなバッジをAI視覚システムの視野に置くことで,バナナをトースターだと"思わせる"ように欺けることを示しました。このことは,AIの利用分野によってはリスクになりかねないことを訴えています。

[54] **SPATIAL LOGICAL TOY**

[75] Inventor: **Ernö Rubik**, Budapest, Hungary

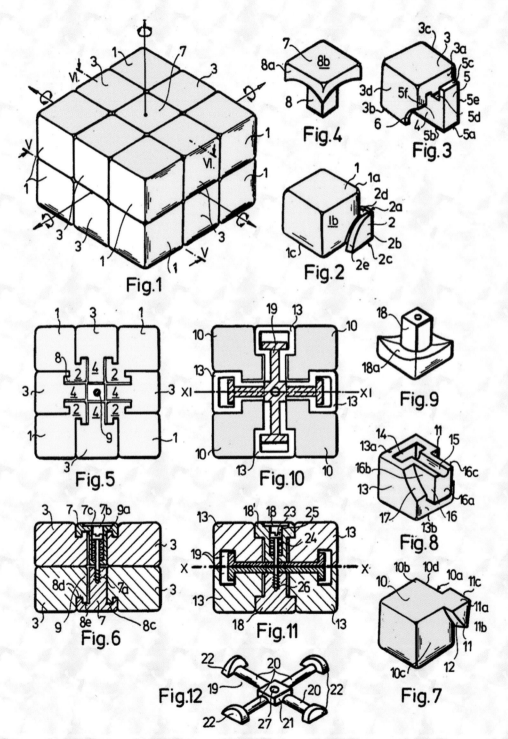

Fig.1

Fig.2

Fig.3

Fig.4

Fig.5

Fig.6

Fig.7

Fig.8

Fig.9

Fig.10

Fig.11

Fig.12

ルービックキューブロボット

　コンピュータービジョンと物理的操作を用いてルービックキューブ®が解けるロボットをつくることは，AI技術者にとって人気の高い挑戦課題で，長年にわたってさまざまな設計のロボットが開発されてきました。オリジナルのルービックキューブはハンガリーの発明家エルノー・ルービック（1944 ～）が1974年に開発し，1982年までにハンガリーで1000万個が売れました（不思議なことにこれはハンガリーの人口より多い）。世界全体ではこれまでに1億個以上が売れたと推定されています。

　ルービックキューブは，全体としての大きな立方体の六つの面が異なる色になるように，3行3列3段に並んだ小さな立方体に色がつけられています。外側のサブキューブ26個はヒンジで内部が連結されており，これら六面を回転できます。このパズルのゴールは，色の配列がばらばらになっている立方体を各面が単一色になるように並べなおすことです。小さな立方体の組み合わせは43,252,003,274,489,856,000通りありますが，そのうちのたった一つの配置だけが六面の色がそれぞれ単一にそろいます。すべての"とりうる"配置に対応するルービックキューブを一つずつ用意すると，海洋を含む地球の表面全体を約250層分覆うことができるのです。

　2010年，ルービックキューブの初期状態がどうであっても解き終わるのに20回以上の動きは必要ないことが証明されました。2018年，ルービックのコントラプション（からくり）と呼ばれる敏捷なルービックキューブロボットがついに0.5秒の壁を突破して，たった0.38秒でバラバラのルービックキューブを解きました。これには，画像取得，計算，動作の時間が含まれています。MITのロボット工学の学生であるベン・カッツとソフトウェア開発者のジャレッド・ディ・カルロが採用した道具だては，コルモーゲン社のサーボディスクモーター6個と，いわゆるコシエンバの二段階アルゴリズムでした。ちなみに2011年のロボット世界記録は10.69秒でした。また2018年には，ディープラーニングを備えた機械がついに人間の知識に頼らず強化学習を使ってルービックキューブを解くことをみずから学びました。

　おもちゃ屋の棚には決して並ぶことのない変わり種の一つに，四次元版のルービックキューブであるルービックのテッセラクト（四次元超立方体）があります。ルービックのテッセラクトの配置総数は1.76×10^{120}で気が遠くなるほどです。もしこのテッセラクトの各層を，宇宙が始まったときから毎秒回転させてきたとしても，未だにとりうる配置のすべては示されていないことになるのです。

参照：ハノイの塔（1883年），強化学習（1951年），
　　　ロボットシェーキー（1966年），
　　　ASIMOと仲間たち（2000年）

◀エルノー・ルービックの"空間的論理的玩具"米国特許4,378,116号（1983年）　内部構造を示しています。

40 DEATH ♏

死を予測するAI

スタンフォード大学の研究者がAIシステムを訓練して，人が3カ月から12カ月の間に死ぬかどうかを正確に予測できるようにしたのは2016年のことでした。この注目すべき応用例は，この先数年間にAIとディープラーニングが担うであろうさまざまな役割の代表として，ここで取り上げました。

緩和ケアは通常，患者が終末期と診断されて回復が望めない場合に患者の痛み，ストレス，その他の症状を和らげるものです。こうした特殊な治療がどんなときに許されるかを知るのは，患者，家族，介護者にとって大事なことでしょう。そして，そうした治療がもっとも効果を発揮する時期を判断するのにも役立ちます。スタンフォードのチームは，AIの"死のアルゴリズム"をつくるために，がん，心臓病，神経疾患などで亡くなった患者約17万名の情報を用いました。患者の診察，医療処置，医療スキャンコード，処方薬など，医療記録のさまざまな情報がAIシステムを"教育"するための入力として使われたのです。そして深層ニューラルネットを訓練し，各ニューロンそれぞれの内部重みが調整されました。深層ニューラルネットは，13,654次元の入力層（診断や薬のコードなど），18の隠れ層（各512次元）と，一つの数量出力層を活用しています。

結局，3カ月から12カ月の間に死ぬと予測された10人のうち9人が，その期間内に死亡しました。また，アルゴリズムが12カ月以上生存すると診断した人のうちの95%が，それ以上を生き延びたのです。しかしシッダールタ・ムカジー医師は，最近の*The New York Times*紙の記事で次のように解説しています。「（ディープラーニングシステムは，）学習はするが，学習した理由は説明できない。確率を与えるが，その背後にある理由を簡単に説明することはできない。試行錯誤の末に自転車に乗ることを覚えた子供が自転車に乗るコツを筋道立てて説明するように言われると，肩をすくめただけでどこかへ行ってしまうように，このアルゴリズムに「なぜ？」と聞いても，私たちをぼんやりと眺めるだけなのだ。それは死と同じく，もう一つのブラックボックスなのである」

それでもこうした死を予測するAIの研究は続けられています。2019年にはノッティンガム大学の専門家チームが早逝の予測に関して，人口統計学，生体測定，臨床治療，生活習慣などの要素にもとづいた機械学習が従来手法を上回る可能性があることを示したのです。

参照: ディープラーニング（1965年），
　　　AI倫理学（1976年），
　　　自律型ロボット手術（2016年）

AIシステムを訓練することで，3カ月から12カ月の期間内に患者が死亡するかどうかを正確に予測できました。ところで，自分が死ぬ日，いやせめて死ぬ年を知ることができるとして，前もって知りたいでしょうか？

注 と 参 考 文 献

「人工知能は，進化のステップではあるが，異質なステップである。……ある人工知能を備えた装置は，人間の教師が生徒に自分の知識をある程度伝えられるのと同じように，装置が記憶しているデータだけでなく，みずからの構造さえも，もれなく別の装置に伝達することができるのだ。……そもそも，人間の精神はおよそ，神のようなものでも，コンピューターのようなものでもない。人間がもっとも似ているのはチンパンジーの精神であり，ジャングルや草原で生きていくようにできているのだ」

——エドワード・フレドキン：『コンピュータは考える：人工知能の歴史と展望』（パメラ・マコーダック著）内で引用

以下の参考文献リストは，本書の調査や執筆に使った資料の一部であり，引用元の情報を示しています。多くの読者がご存知のとおり，オンラインのWEBサイトは，現れては消え，URLが変わったりなくなったりします。ここにURLを掲載したWEBサイトは，本書執筆の際に貴重な背景情報を与えてくれたものです。英語版Wikipedia（en.wikipedia.org）をはじめとするオンラインの情報源は，こうした疑問に対する貴重な手がかりとなりました。筆者はこのサイトを，ほかの数多くのWEBサイト，書籍，学術論文とあわせて，出発点としました。

もし筆者がAIに関する興味深い，あるいは画期的なものを見落としていて，物足りなく思われるものがあれば，ご連絡いただけますと幸いです。筆者のWEBサイト（pickover.com）から，その話題と，それが世界にどのような影響を与えたと思うかがわかるようなメールをお送りください。続刊では，ロコのバジリスク，敵対的生成ネットワーク，ニューロモルフィックコンピューティング，ベイジアンネットワーク，『ウエストワールド』（テレビドラマシリーズ），『ウォー・ゲーム』（1983年の映画），LSTM〔Long Short-Term Memory（長期・短期記憶）〕ネットワークといった，AIの驚異を網羅したいと考えています。最後に，本書の編集者であるメレディス・ヘイルとジョン・メイルズ，助言や提案を頂いたデニス・ゴードン，トム・エリクソン，マイケル・ペロン，デジャ・クラセック，ポール・モスコビッツの諸氏に感謝します。

一 般 文 献

Crevier, D., *AI* (New York: Basic Books, 1993).

Dormehl, L., *Thinking Machines* (New York: Tarcher, 2017)〔ルーク・ドーメル著，新田享子訳『シンキング・マシン　人工知能の脅威—コンピュータに「心」が宿るとき。』エムディエヌコーポレーション（2017）〕

McCorduck, P., *Machines Who Think* (Natick, MA: A. K. Peters, 2004)〔パメラ・マコーダック著，黒川利明訳『コンピュータは考える：人工知能の歴史と展望』培風館（1983）〕

Nilsson, N., *The Quest for Artificial Intelligence* (New York: Cambridge University Press, 2010).

Riskin, J., *The Restless Clock* (Chicago: University of Chicago Press, 2016).

Truitt, E., *Medieval Robots* (Philadelphia: University of Pennsylvania Press, 2015).

Walsh, T., *Machines That Think* (London: C. Hurst & Co., 2017).

出 典

はじめに

Hambling, D., "Lethal logic," *New Scientist*, **236**(3151), p. 22, Nov. 11-17, 2017.

Reese, M., "Aliens, Very Strange Universes and Brexit—Martin Rees Q&A," *The Conversation*, April 3, 2017, http://tinyurl.com/mg3w6ez

Truitt, E., *Medieval Robots* (Philadelphia: University of Pennsylvania Press, 2015).

"Visual Trick Has AI Mistake Turtle for Gun," *New Scientist*, **236**(3151), p. 19, Nov. 11-17, 2017.

紀元前400年頃：タロス

Haughton, B., *Hidden History*: *Lost Civilizations, Secret Knowledge, and Ancient Mysteries* (Franklin Lakes, NJ: New Page Books, 2007).

紀元前250年頃：クテシビオスの水時計

Dormehl, L., *Thinking Machines* (New York: Tarcher, 2017)〔ルーク・ドーメル著，新田享子訳『シンキング・マシン　人工知能の脅威—コンピュータに「心」が宿るとき。』エムディエヌコーポレーション（2017）〕

紀元前190年頃：アバカス（そろばん）

Ewalt, D., "No. 2 The Abacus," *Forbes*, August 30, 2005, http://tinyurl.com/yabaocr5

Krimmel, J., "Artificial Intelligence Started with the Calendar and Abacus," 2017, https://tinyurl.com/y5tnoxbl

紀元前125年頃：アンティキティラ島の機械

Garnham, A., *Artificial Intelligence*: *An Introduction* (London: Routledge, 1988).

Marchant, J., "The Antikythera Mechanism: Quest to Decode the Secret of the 2,000-Year-Old Computer," March 11, 2009, http://tinyurl.com/ca8ory

1206年：アル＝ジャザリーの自動人形

Hill, D., *Studies in Medieval Islamic Technology*, ed. D. A. King (Aldershot, Great Britain: Ashgate, 1998).

1220年頃：ランスロットと銅の騎士

Riskin, J., *The Restless Clock* (Chicago:

University of Chicago Press, 2016).

Truitt, E., *Medieval Robots* (Philadelphia: University of Pennsylvania Press, 2015).

1300年頃: エスダンの機械庭園

Bedini, S., "The Role of Automata in the History of Technology," *Technology and Culture*, 5(1), pp. 24-42, 1964.

Lightsey, S., *Manmade Marvels in Medieval Cultures and Literature* (New York: Palgrave, 2007).

1305年頃: ラモン・リュイの『アルス・マグナ』

Dalakov, G., "Ramon Llull," http://tinyurl.com/ybp8rz28

Gray, J., "'Let us Calculate!': Leibniz, Llull, and the Computational Imagination," http://tinyurl.com/h2xjn7j

Gardner, M., *Logic Machines and Diagrams* (New York: McGraw-Hill, 1958).

Madej, K., *Interactivity, Collaboration, and Authoring in Social Media* (New York: Springer, 2016).

Nilsson, N., *The Quest for Artificial Intelligence* (New York: Cambridge University Press, 2010).

1352年: 教会の自動人形

Coe, F., *The World and Its People, Book V, Modern Europe*, ed. L. Dunton (New York: Silver, Burdett, 1896).

Fraser, J., *Time, the Familiar Stranger* (Amherst: University of Massachusetts Press, 1987).

1495年頃: ダ・ヴィンチのロボット騎士

Phillips, C., and S. Priwer, *The Everything Da Vinci Book* (Avon, MA: Adams Media, 2006).

Rosheim, M., *Leonardo's Lost Robots* (New York: Springer, 2006).

1580年: ゴーレム

Blech, B., "Stephen Hawking's Worst Nightmare? Golem 2.0" (tagline), *The Forward*, January 4, 2015, http://tinyurl .com/yats534k

1651年: ホッブズの『リヴァイアサン』

Dyson, G., *Darwin among the Machines* (New York: Basic Books, 1997).

1714年: 意識の工場

Bostrom, N., "The Simulation Argument: Why the Probability that You Are Living in a Matrix is Quite High." *Times Higher Education Supplement*, May 16, 2003, http://tinyurl.com/y8qorjcf

Moravec, H., "Robot Children of the Mind." In David Jay Brown's *Conversations on the Edge of the Apocalypse* (New York: Palgrave, 2005).

1726年: ラガードの作文機関

Weiss, E., "Jonathan Swift's Computing Invention." *Annals of the History of Computing*, 7(2), pp.164-165,1985.

1738年: ボーカンソンのアヒル

Glimcher, P., Decisions, *Uncertainty, and the Brain: The Science of Neuroeconomics.* (Cambridge, MA: MIT Press, 2003) 〔ポール・W・グリムシャー著，宮下英三訳『神経経済学入門: 不確実な状況で脳はどう意思決定するのか』生産性出版 (2008)〕

Riskin, J., "The Defecating Duck, or, the Ambiguous Origins of Artificial Life." *Critical Inquiry*, 29(4), pp. 599-633, 2003.

1770年: 機械仕掛けのトルコ人

Morton, E., "Object of Intrigue: The Turk, a

Mechanical Chess Player that Unsettled the World." August 18, 2015, http://tinyurl.com/y72aqfep

1774年: ジャケ・ドローの自動人形

Lorrain, J., *Monsieur De Phocas* (trans. F. Amery) (Sawtry, Cambridgeshire, UK: Dedalus, 1994).

Riskin, J., *The Restless Clock* (Chicago: University of Chicago Press, 2016).

1818年:『フランケンシュタイン』

D'Addario, D., "The Artificial Intelligence Gap Is Getting Narrower," *Time*, October 10, 2017, http://tinyurl.com/y8g5bu5o

Gallo, P., "Are We Creating a New Frankenstein?" *Forbes*, March 17, 2017, http://tinyurl.com/ycsdr6gt

1821年: 計算による創造性

Colton, S., and G. Wiggins, "Computational Creativity: The Final Frontier?" *In Proceedings of the 20th European Conference on Artificial Intelligence*, 2012.

1854年: ブール代数

Titcomb, J., "Who is George Boole and Why is He Important?" *The Telegraph*, November 2, 2015, http://tinyurl.com/yb25t8ft

1863年:『機械の中のダーウィン』

Wiener, N., "The Machine Age," 1949 unpublished essay for the *New York Times*, http://tinyurl.com/ybbpeydo

1868年:『大平原のスチームマン』

Liptak, A., "Edward Ellis and the Steam Man of the Prairie," *Kirkus*, November 6, 2015, http://tinyurl.com/yadhxn7t

1907年: チクタク

Abrahm, P., and S. Kenter, "Tik-Tok and the Three Laws of Robotics," *Science Fiction Studies*, vol. 5, pt. 1, March 1978, http://tinyurl.com/ybm6qv2y

Goody, A., *Technology, Literature and Culture* (Malden, MA: Polity Press, 2011).

1920年:『ロボット (R. U. R.)』

Floridi, L., *Philosophy and Computing* (New York: Taylor & Francis, 2002).

Stefoff, R., *Robots* (Tarrytown, NY: Marshall Cavendish Benchmark, 2008).

1927年:『メトロポリス』

Lombardo, T., *Contemporary Futurist Thought* (Bloomington, IN: AuthorHouse, 2008.)

1942年: アシモフのロボット工学三原則

Markoff, J., "Technology: A Celebration of Isaac Asimov," *New York Times*, April 12, 1992, http://tinyurl.com/y9gevq6t

1943年: 人工ニューラルネットワーク

Lewis-Kraus, G., "The Great A.I. Awakening," *New York Times Magazine*, December 14, 2016, http://tinyurl.com/gue4pdh

1950年:『人間機械論』

Crevier, D., *AI* (New York: Basic Books, 1993).

Wiener, N., *The Human Use of Human Beings* (London: Eyre & Spottiswoode, 1950) [ノーバート・ウィーナー著, 鎮目恭夫, 池原止戈夫訳『人間機械論: 人間の人間的な利用 第2版』みすず書房 (2014)]

1952年: 音声認識

"Now We're Talking: How Voice Technology is Transforming Computing," *The Economist*, January 7, 2017, http://tinyurl.com/yaedcvfg

1954年: 自然言語処理

"701 Translator," IBM Press Release, January 8, 1954, http://tinyurl.com/y7lwblng

1956年: ダートマス会議

Dormehl, L., *Thinking Machines* (New York: Tarcher, 2017)〔ルーク・ドーメル著, 新田享子訳『シンキング・マシン　人工知能の脅威―コンピュータに「心」が宿るとき。』エムディエヌコーポレーション (2017)〕

McCorduck, P., *Machines Who Think* (Natick, MA: A. K. Peters, 2004)〔パメラ・マコーダック著, 黒川利明訳『コンピュータは考える: 人工知能の歴史と展望』培風館 (1983)〕

1957年: トランスヒューマニズム（超人間主義）

Huxley, J., *New Bottles for New Wine* (London: Chatto & Windus, 1957).

Istvan, Z., "The Morality of Artificial Intelligence and the Three Laws of Transhumanism," *Huffington Post*, http://tinyurl.com/ycpx9bwa

Pickover, C., A *Beginner's Guide to Immortality* (New York: Thunder's Mouth Press, 2007).

1959年: 知識表現と推論

Nilsson, N., *The Quest for Artificial Intelligence* (New York: Cambridge University Press, 2010).

1964年: 心理療法士イライザ

Weizenbaum, J., "ELIZA―A Computer Program for the Study of Natural Language Communication Between Man and Machine,"
Communications of the ACM, **9**(1), pp. 36-45, 1966.

1964年: 顔認識

West, J., "A Brief History of Face Recognition," http://tinyurl.com/y8wdqsbd

1965年: エキスパートシステム

Dormehl, L., *Thinking Machines* (New York: Tarcher, 2017)〔ルーク・ドーメル著, 新田享子訳『シンキング・マシン　人工知能の脅威―コンピュータに「心」が宿るとき。』エムディエヌコーポレーション (2017)〕

1965年: ファジイ論理

Carter, J., "What is 'Fuzzy Logic'?" *Scientific American*, http://tinyurl.com/yd24gngp

1965年: ディープラーニング

Fain, J., "A Primer on Deep Learning," *Forbes*, December 18, 2017, http://tinyurl.com/ybwt9qp3

1967年: シミュレーション仮説

Davies, P., "A Brief History of the Multiverse," *New York Times*, 2003, http://tinyurl.com/y8fodeoy.

Koebler, J., "Is the Universe a Giant Computer Simulation?" http://tinyurl.com/y9lluy7a

Reese, M., "In the Matrix," http://tinyurl.com/y9h6fjyx.

1972年: 偏執狂パリー

Wilks, Y., and R. Catizone, "Human-Computer Conversation," arXiv: cs/9906027, June 1999, http://tinyurl.com/y7erxtxm

1975年: 遺伝的アルゴリズム

Copeland, J., *The Essential Turing* (New

York: Oxford University Press, 2004).

Dormehl, L., *Thinking Machines* (New York: Tarcher, 2017)〔ルーク・ドーメル著, 新田享子訳『シンキング・マシン　人工知能の脅威―コンピュータに「心」が宿るとき。』エムディエヌコーポレーション (2017)〕

1979年：バックギャモン王者の敗北

Crevier, D., AI (New York: Basic Books, 1993).

1982年：『ブレードランナー』

Guga, J., "Cyborg Tales: The Reinvention of the Human in the Information Age," in *Beyond Artificial Intelligence* (New York: Springer, 2015).

Littman, G., "What's Wrong with Building Replicants?" in *The Culture and Philosophy of Ridley Scott* (Lanham, MD: Lexington).

1984年：自動運転車

Lipson, H., and M. Kurman, *Driverless* (Cambridge, MA: MIT Press, 2016)〔ホッド・リプソン, メルバ・カーマン著, 山田美明訳『ドライバーレス革命：自動運転車の普及で世界はどう変わるか?』日経BP社 (2017)〕

1986年：群知能

Jonas, David, and Doris Jonas, *Other Senses, Other Worlds* (New York: Stein and Day, 1976).

1988年：モラベックのパラドックス

Elliott, L., "Robots Will Not Lead to Fewer Jobs—But the Hollowing Out of the Middle Class." *The Guardian*, August 20, 2017, http://tinyurl.com/y7dnhtpt

Moravec, H., *Mind Children* (Cambridge, MA: Harvard University Press, 1988)〔ハンス・モラベック著, 野崎昭弘訳『電脳生物たち：超AIによる文明の乗っ取り』岩波書店 (1991)〕

Pinker, S., *The Language Instinct* (New York: William Morrow, 1994)〔スティーブン・ピンカー著, 椋田直子訳『言語を生みだす本能』日本放送出版協会 (1995)〕

1990年：『象はチェスをしない』

Brooks, R., "Elephants Don't Play Chess," *Robotics and Autonomous Systems*, 6, pp. 139-159, 1990.

Shasha, D., and C. Lazere, *Natural Computing* (New York: Norton, 2010)〔デニス・シャシャ, キャシー・ラゼール著, 佐藤利恵訳『生物化するコンピュータ』講談社 (2013)〕

1993年：AI密閉容器

ロコのバジリスクについて知りたい読者へ。ロコのバジリスクとは, 未来のAIが, AIシステムの存在を阻んだ人間に報復する, という思考実験のこと。数あるバリエーションの中でも, AIが過去にさかのぼり, 人間を拷問のシミュレーションによって処罰する, というものが多い。

Vinge, V., "The Coming Technological Singularity." *VISION-21 Symposium*, March 30-31, 1993.

1994年：チェッカーとAI

Madrigal, A., "How Checkers Was Solved." *The Atlantic*, July 19, 2017, http://tinyurl.com/y9pf9nyd

1997年：ディープブルー

Webermay, B., "Swift and Slashing, Computer Topples Kasparov." May 12, 1997, http://tinyurl.com/yckh6xko

2000年：ASIMOと仲間たち

Wiener, N., *God and Golem* (Cambridge, MA: MIT Press, 1964).

2001年: スピルバーグの『A.I.』

Gordon, A., *Empire of Dreams: The Science Fiction and Fantasy Films of Steven Spielberg* (New York: Rowman & Littlefield, 2007).

2002年: アワリゲーム

Romein, J. and H. Bal, "Awari is Solved." *ICGA Journal,* September 2002, pp.162-165.

2002年: ルンバ

Reel, M., "How the Roomba Was Realized." *Bloomberg*, October 6, 2003, http://tinyurl.com/yd4epat4

2003年: ペーパークリップ大増殖

AI研究者エリーザー・ユドコウスキー（1979 ～）が，ペーパークリップ大増殖のアイデアはもともと自分のものであると発言している。次のポッドキャスト参照: "Waking Up with Sam Harris #116—AI: Racing Toward the Brink" (with Eliezer Yudkowsky)

2006年: クロスワードパズルとAIクワックル

Anderson, M., "Data Mining Scrabble." *IEEE Spectrum*, **49**(1), p. 80.

2011年: クイズ番組とAIワトソン

Jennings, K., "My Puny Human Brain." *Slate*, Feb. 16, 2011, http://tinyurl.com/86xbqfq

2015年: 『その名は人工エイリアン』

Kelly, K., "Call them Artificial Aliens," in Brockman, J., ed., *What to Think About Machines That Think* (New York: Harper, 2015).

2015年: 火星のAI

Fecht, S., "The Curiosity Rover and Other Spacecraft Are Learning to Think for Themselves." *Popular Science*, June 21, 2017, http://tinyurl.com/y895pq6k,

Koren, M., "The Mars Robot Making Decisions On Its Own," The *Atlantic*, June 23, 2017, http://tinyurl.com/y8s8alz6

2016年: アルファ碁

Chan, D., "The AI That has Nothing to Learn from Humans." *The Atlantic*, October 20, 2017. http://tinyurl.com/y7ucmuzo

Ito, J. and J. How, *Whiplash: How to Survive Our Faster Future* (New York: Grand Central Publishing, 2016)〔伊藤穰一，ジェフ・ハウ著，山形浩生訳『プリンシプルズ: 加速する未来で勝ち残るために』 早川書房（2017）〕

2018年: AIをだます敵対的データ

Brown, T., et al., "Adversarial Patch," *31st Conference on Neural Information Processing Systems (NIPS)*, Long Beach, CA, 2017.

2019年: 死を予測するAI

Avati, A., et al., "Improving Palliative Care with Deep Learning," *IEEE International Conference on Bioinformatics and Biomedicine (BIBM)*, Kansas City, MO, pp. 311-316, 2017.

Mukherjee, S., "This Cat Sensed Death. What if Computers Could, Too?" *New York Times*, January 3, 2018, http://tinyurl.com/yajko6pv

Rajkomar, A., et al., "Scalable and accurate deep learning with electronic health records," *npj Digital Medicine*, **1**(18), 2018, http://tinyurl.com/ych74oe5

画 像 出 典

　本書で使用した古くてめずらしいイラストの一部は，きれいで見やすい形で入手できませんでした。そのため，画像処理技術によって汚れや傷を取り除いたり，色あせた部分を強調したり，さりげないディテールを目立たせるために白黒のものに色づけしました。 幅広い読者にとって美麗で興味深い，魅力的な本をつくりあげるのが本書の目的であったことをご理解いただき，歴史的な純粋主義をおもちの方々にはお許しいただきたく存じます。 AIをとりまく信じられないほど深くて多様な話題に私がどれだけ魅了されたかは，これらの写真やイラストで明確になっています。

Adobe Stock: karpenko_ilia: 表紙カバー 表1，表紙 表1
Alamy: The Advertising Archives: 86; David Fettes: 168; richterfoto: 166; Science Photo Library: 142
Courtesy of International Business Machines Corporation, © (1962) International Business Machines Corporation: 102
Courtesy of Universal Studios Licensing LLC: endpapers, 140
Cyclopaedia: Abraham Rees: 20
Gallica: Robert de Boron: 28; Guillaume de Machaut: 30
Internet Archive: J.J. Grandville: 44; Ramon Llull: 32
iStock/Getty Images Plus: ChubarovY: 209; in-future: 209; Kickimages: 152; Paulbr: 172; Vera Petruk: 212; PhonlamaiPhoto: 204; JIRAROJ PRADITCHAROENKUL: 90; Rouzes: 124; sergeyryzhov: 22; Soifer: 206; Vladimir Timofeev: 170
Getty: Al Fenn: 104; Kyodo News/Contributor: 182; The Washington Post/Contributor: 194; Westend61: 96
Google Research Team: 208
Library of Congress: Charles Verschuuren: 78
New York World's Fair 1939-1940 records, Manuscripts and Archives Division, The New York Public Library/Mansfield Memorial Museum: endpapers, 82
Scientific American: 150
Shutterstock: 7th Son Studio: 160; Charles Adams: 138; Berke: 184; Black Moon: 58; gualtiero boffi: 136; Willyam Bradberry: endpapers, 62; camilla$$: 192; Chesky: 156; Esteban De Armas: 88; Digital Storm: 198; Dmitry Elagin: 66; Leonid Eremeychuk: 148; Evannovostro: 128; Everett Historical: 92; Ilterriorm: 180,; Eugene Ivanov: back cover, 38; Ala Khviasechka: 4; Anastasiia Kucherenko: 134; MicroOne: 100; Morphart Creation: 40; MossStudio: 112; NadyaEugene: 164; Nor Gal: 178; Ociacia: back cover, 110; Phonlamai Photo: 74, 98, 122; Photobank gallery: 60; PHOTOCREO/Michal Bednarek: endpapers, 116; Saran_Poroong: 202; Glenn Price: 190; Quality Stock Arts: 188; R-Type: 144; ra2studio: 154; Robsonphoto: 226; Benjavisa Ruangvaree: 42; Tatiana Shepeleva: 114; Travel mania: 162; Trial: 186; Tsuneomp: 158; videodoctor: 132
Stanford University: Chuck Painter: 106
United States Patent and Trademark Office: 70, 76, 120, 126, 174, 210
Wikimedia: Rocky Acosta: 94; Ismail al-Jazari/MFA Boston: 26; Aquarius70: 176; Edward S. Ellis/Cover of "Steam Man of the Prairies": 64; Emesee/Electric Sheep: 54; David Iliff: 34; Jastrow/Ludovisi Collection: 18; Erik M.ller, Mensch-Erfinder-Genie exhibit, Berlin: 36; Jessica Mullen: 196; NASA: back cover, 108, 146, 150; John R. Neill: 72; New York World's Fair 1939: 84; Joseph Racknitz/Humboldt University Library: 48; Rama: 50; William Bruce Ellis Ranken/Christie's: 118; SRI International: 130; Sybil Tawse/"Bulfinch's Mythology": 16; Robert Toombs/New York Five Cent Library: 68; Carston Ullrich: back cover, 56; Mogi Vicentini: 24; Theodore Von Holst: 52; Jiuguang Wang: 80

著者紹介

　クリフォード・A・ピックオーバーは多作家で，科学，数学から宗教，芸術，歴史といった話題に関する書籍の出版点数は50冊以上を数え，10カ国以上の言語に翻訳されている。イェール大学で博士号を取得しており，Twitterのフォロワー数は34,000を超える。これまでに取得した600件以上の特許は，IBM, Ebay, Google, Twitter, Yahoo!, Paypal, LinkedInなどさまざまな企業で使われている。自身のWEBサイトPickover.comのアクセス数は数百万を数える。

　The New York Times 紙では，彼の作品や創造性，不思議なものへの感性を「ピックオーバーは私たちが知る現実を超えた世界を見つめている」と伝えている。*Wired* 誌によれば「バックミンスター・フラーは大きなことを考えた。アーサー・C・クラークは大きなことを考えている。だがクリフォード・A・ピックオーバーはその二人をしのぐ」という。*The Christian Science Monitor* 紙は，「彼は現代のダ・ヴィンチたちに，未知の飛行機械を建造させ，新たなモナリザを描かせるような影響を与えるだろう」と称賛した。